FORUM DEUTSCHE GESCHICHTE 12

Matthias Dahlke

Der Anschlag
auf Olympia '72

m press »
Martin Meidenbauer Verlagsbuchhandlung

Die Deutsche Bibliothek verzeichnet diese Publikation in der Deutschen Nationalbibliografie; detaillierte bibliografische Daten sind im Internet über http://dnb.ddb.de abrufbar.

© 2006 Martin Meidenbauer
Verlagsbuchhandlung, München

Umschlagabbildung: Janne Poelz

Alle Rechte vorbehalten. Dieses Werk einschließlich aller seiner Teile ist urheberrechtlich geschützt. Jede Verwertung außerhalb der Grenzen des Urhebergesetzes ohne schriftliche Zustimmung des Verlages ist unzulässig und strafbar. Das gilt insbesondere für Nachdruck, auch auszugsweise, Reproduktion, Vervielfältigung, Übersetzung, Mikroverfilmung sowie Digitalisierung oder Einspeicherung und Verarbeitung auf Tonträgern und in elektronischen Systemen aller Art.

Gedruckt auf
chlorfrei gebleichtem, säurefreiem und alterungsbeständigem Papier (ISO 9706)

m-press ist ein Imprint der
Martin Meidenbauer Verlagsbuchhandlung

ISBN 3-89975-583-9

Verlagsverzeichnis schickt gern:
Martin Meidenbauer Verlagsbuchhandlung
Erhardtstr. 8
D-80469 München

www.m-verlag.net

Mein tiefer Dank gilt meinen Eltern, die den Weg zu diesem Buch ermöglicht haben.

*Ebenso großer Dank gebührt meinem akademischen Lehrer und Mentor,
Professor Dr. Kiran Klaus Patel,
sowie all jenen, die meine Arbeit mit kritischen Anregungen begleitet haben.*

„In einigen Monaten, in ein paar Jahren, ja vielleicht erst in Jahrzehnten wird man sagen, dass München ein zeitgeschichtliches Ereignis war, das mit seiner ganzen Tragik, seiner Wirrnis und der Unreife die Probleme deutlich gemacht hat, mit denen wir in dieser Welt von heute leben müssen."

Willi Daume, Präsident des NOK[*]

---

[*] Willi Daume am 11. September 1972; zit. n. http://www.olympia72.de/110972a.htm; Stand vom 27.1.2006.

Inhaltsverzeichnis

I	Einleitung	1
II	Die Maßnahmen: Handlungszwang und Passivität	8
	II.1 München und Zagreb: Informationen und Kommunikationswege	8
	II.1.1 München, 5. September 1972 – „Da konnte die bayerische Polizei nicht mithalten"	8
	II.1.2 Zagreb, 29. Oktober 1972 – „Nur untergeordnete Chargen"	20
	II.2 Kompetenzen und Ressorts: „Befremden über eine Intervention Ihres Hauses"	25
	II.2.1 Hemmnis Föderalismus?	25
	II.2.2 Erzwungene Zusammenarbeit	32
	II.2.3 Der Bundeskanzler: Brandt der „Heilige"?	34
	II.3 Innere Sicherheit: Politik im Handlungszwang	40
	II.3.1 „Eine „neue Form der Kriminalität"?	42
	II.3.2 GUPS und GUPA	46
	II.3.3 Einreiseauflagen, Ausweisungen und Abschiebungen	48
	II.3.4 Personen- und Objektschutz	53
	II.3.5 GSG 9	55
	II.3.6 Rechtspolitik der Passivität	57
	II.4 Außenpolitik: „Das Leben geht weiter!"	61
	II.4.1 Israel – „eruptive Emotionen"	63
	II.4.2 Die Arabische Welt – „eskalierende Polemik"	72
	II.4.3 Internationale Ansätze	81
III	Die ‚öffentliche Meinung'	88
	III.1 Die Wochenmagazine: *Spiegel* und *Stern*	88
	III.2 Die „Gastarbeiterproblematik"	90
	III.3 Demoskopie	93
	III.4 Die Bürgermeinung – Härte und Nachhaltigkeit	95
	III.5 Wandel des Zeitgeistes – Zeitenwende?	98
IV	Mangelnder Wille oder verzerrte Wahrnehmung? Erklärungsansätze	102
	IV.1 Die Zeitfrage	102
	IV.2 Konsens des Schweigens und Terminalität	103
	IV.3 Tragweite von Expertenwissen	105
	IV.4 Linguistik und Mental Maps	106
V	Ergebnisse und Thesen	112
Anhang		115
	Telex zwischen den Einsatzleitungen Zagreb und München	115
	Karikaturen der Zeitung القبــــس	117
Abkürzungsverzeichnis		119
Quellen und Literatur		120

I   Einleitung

Man spürt die Emotionalität, die den Stern-Herausgeber Henri Nannen nach dem Anschlag auf die israelische Olympiamannschaft 1972 zu harten Worten veranlasste:

> „Die Bundesrepublik befindet sich im Krieg. Mit den arabischen Terroristen und mit den Regierungen jener Länder, in denen sie ihre Mordpläne ungehindert aushecken können. Wer einwendet, es gebe keine Kriegserklärung, der wird vielleicht warten wollen, bis demnächst neue Geiseln genommen werden, um den drei festgenommenen Politgangstern zur Freiheit zu verhelfen. [...] Es ist Zeit zum Handeln".[1]

In diesem Artikel appellierte er, dem gefühlten Kriegszustand auch politisch zu begegnen. Kurze Zeit später zitierte das Wochenmagazin *Spiegel* Worte, die aus der Feder heutiger Terroristengruppen stammen könnten: „Wir werden an den unerwartetsten Plätzen in der unerwartetsten Form zuschlagen."[2] Man könnte daher fast vermuten, dass der so genannte Krieg gegen den Internationalen Terrorismus tatsächlich schon 1972 begann, als acht Terroristen den bis dahin spektakulärsten Anschlag in der Bundesrepublik verübten.

Die Geschichte des Internationalen Terrorismus in Deutschland beginnt nicht am 5. September 1972 in München. Dennoch ist dieser Tag, an dem elf israelische Olympioniken, ein Polizeibeamter und fünf arabische Terroristen ums Leben kamen, zweifelsohne eine grundlegende Erfahrung vieler Zeitgenossen. Die live in alle Welt übertragenen Bilder aus dem Olympischen Dorf, die olympischen Flaggen auf Halbmast, die bewegende Trauerfeier, der harte Kontrast zu den betont fröhlichen Spielen – all dies brannte sich tief ins kollektive Gedächtnis ein.

Doch wie reagierte die politische Führung der Bundesrepublik auf diese scheinbar neue Bedrohung? Das öffentliche Entsetzen war groß, die politische Herausforderung nach heutigen Maßstäben immens: Schwere Konflikte taten sich im In- wie auch im Ausland auf, gleichzeitig lief der Wahlkampf für den vorzeitig aufgelösten Bundestag und die politische Welt war zerrissen über die Standortbestimmung, die sich hinter der ‚Neuen Ostpolitik' verbarg. Als am 29. Oktober 1972 in Zagreb die drei inhaftierten Terroristen von München wie angekündigt freigepresst wurden, folgte endgültig die diplomatische Katastrophe. Die Beziehungen zu Israel und zur arabischen Welt wurden durch gegenseitige Schuldzuweisungen zum Zerreißen gespannt. Ein Sturm der Entrüstung brach nicht nur in Israel los. Der deutsche Botschafter von Puttkamer

---

[1] Nannen, H.: Wir sind im Krieg; in Der Stern; Heft 39 / 1972; S. 3.
[2] Zitat einer „palästinensische[n] Guerilla-Organisation"; Der Spiegel; Heft 38 / 1972; S. 88.

meldete aus Tel Aviv „eruptive Emotionen" und die „schwerste Krise zwischen der Bundesrepublik Deutschland und Israel seit Herstellung der diplomatischen Beziehungen"[3].

Um diesen vielfältigen Themenkomplexen analytisch konzis begegnen und, gemäß des Psychoanalytikers Jacques Lacan, „mit Begriffen [...] sezieren"[4] zu können, gilt es, vorweg das chirurgische Besteck auszuwählen und die Kernfragen der Analyse darzulegen:
- Wie reagierte die sozial-liberale Regierung unter Bundeskanzler Willy Brandt während und nach den Anschlägen von München und Zagreb? Was für Maßnahmen leitete sie ein?
- Inwieweit deckte oder unterschied sich diese Haltung von der ‚öffentlichen Meinung'?
- Wie muss die Tragweite der Ereignisse im Kontext der Zeit beurteilt werden?

Als ‚Reaktion' seien hier Maßnahmen und Projekte, auch verbale Äußerungen definiert. Der zu untersuchende Personenkreis umfasst die politische Führungsebene der Bundesrepublik; das sind die Mitglieder der Bundes- und (soweit involviert) der Landesregierungen sowie leitende Ministerialbeamte. Die parlamentarische Opposition spielte in der Bundesrepublik selbstverständlich eine wichtige Rolle, besonders im konfliktreichen Wahljahr 1972. Sie soll hier aber, da sie keinen direkten Einfluss auf Maßnahmen hatte, weitgehend außen vor bleiben. Auf den schwierigen Begriff der öffentlichen Meinung wird an gegebener Stelle noch einzugehen sein. Nachbardisziplinen wie die Sportgeschichte, Nahost-, Geheimdienst- oder die Extremismusforschung werden nur am Rande gestreift.

Theoretisch bewegen sich die angeführten Kernfragen in einem Raum, der am Besten durch drei sich überlagernde Kreise versinnbildlicht wird. Jeder Kreis umfasst sowohl eine zeitliche als auch eine räumliche Dimension. So entsteht einerseits die mikrohistorische Ebene, die die Reaktionen auf die Ereignisse von München und Zagreb sehr zeitnah und örtlich beschränkt betrachtet. Darüber liegt die mittelfristige Ebene, die die Zeit vor und nach den Anschlägen in Betracht zieht. Räumlich gesehen wird hier die Bundes- und Länderpolitik erfasst. Als dritte, alles überwölbende Ebene, muss die zeitgeschichtliche

---

[3] Abschlussbericht vom 01.12.72 von Botschafter von Puttkamer zur Lufthansaentführung; PA B 1 / 509.
[4] Zit. n. und übers. v. Schöttler, P.: Mentalitäten, Ideologien, Diskurse. Zur sozialgeschichtlichen Thematisierung der ‚dritten Ebene'; in: Alltagsgeschichte. Zur Rekonstruktion historischer Erfahrungen und Lebensweisen; hg. v. A. Lüdtke; Frankfurt a. M. (u. a.) 1989; S. 85.

Dimension erfasst werden, in deren langfristigen Kontext sich die Ereignisse fügen. Räumlich müsste konsequenterweise die transnationale Ebene folgen, die jedoch nur in einem größeren Forschungsprojekt bearbeitet werden kann und deshalb bewusst außen vor gelassen wird. Quellentheoretisch ist die Quellendichte immer umgekehrt reziprok zur zeitlichen und räumlichen Breite der theoretischen Ebene. Der Erkenntnisgewinn kann aber, da alle drei Ebenen berücksichtigt werden, als ausgeglichen betrachtet werden, da quellendichte mikrohistorische mit quellenbreiteren makrohistorischen Erkenntnissen verknüpft werden.

Methodisch zerfällt diese Studie, die als Magisterarbeit an der Humboldt-Universität zu Berlin entstanden ist, in drei Teile: Im ersten Teil werden die Reaktionen der politischen Führung untersucht. Zunächst müssen die Ereignisse von München und Zagreb analysiert werden, um auf Basis einer quellennahen Rekonstruktion der Verläufe nachfolgende Sinnzusammenhänge verstehbar zu machen. Bevor jedoch auf die zweite theoretische Ebene übergegangen werden kann, ist es nötig, auf strukturelle Reaktionshorizonte einzugehen. Ob vertikal auf föderaler Ebene oder horizontal auf Ressortebene – die Kompetenz- und damit Verantwortungsfrage ist maßgeblich für die Bewertung der Reaktionen. Natürlich muss auch die zentrale Rolle des Bundeskanzlers innerhalb der Exekutive in diesem Kompetenzgeflecht ausreichend berücksichtigt werden. Die Untersuchung der Reaktionen auf Bundesebene betrachtet zunächst die Innenpolitik und beleuchtet eine Reihe von Einzelmaßnahmen, die in der Folgezeit der Anschläge initiiert wurden. Ein besonderes Gewicht kommt beim Thema Internationaler Terrorismus natürlich der Außenpolitik zu. Die Reaktionen auf die schwerwiegenden diplomatischen Verstimmungen mit Israel und der arabischen Welt sind ebenso aufschlussreich wie das Verhalten der bundesrepublikanischen Diplomaten auf dem internationalen Parkett.

Der zweite Teil der Arbeit stellt den politischen Reaktionen die ‚öffentliche Meinung' kontrastierend gegenüber. Die exemplarische Auswertung von politischen Wochenmagazinen, demoskopischen Erkenntnissen sowie Bürgerbriefen zeichnet ein deutliches Bild der Haltung der Öffentlichkeit, das anhand von größeren Studien in den zeitlichen Kontext eingebettet wird.

Der dritte Teil zeigt vier Erklärungsansätze für die Haltung der politischen Führung auf. Das Spannungsfeld zwischen Wollen und Können ist hier zentral, wobei auch kognitive Ansätze nicht unberücksichtigt bleiben dürfen. Abschließend werden die gewonnenen Ergebnisse zu zwei Thesen verdichtet.

Als Quellen für diese Untersuchungen wurden vorwiegend Ministerialakten aus dem Bundesarchiv in Koblenz sowie den Zwischenlagern in St. Augustin-Hangelar und Dahlwitz-Hoppegarten herangezogen. Von besonderem Interesse waren die Bestände des Bundeskanzleramts (BKAmt)[5], des Bundesinnenministeriums (BMI), des Bundesverkehrsministeriums (BMV) und des Bundesjustizministeriums (BMJ). Ebenfalls im Bundesarchiv befanden sich die Akten des Organisationskomitees der Olympischen Spiele (OK), die eine Vielfalt benachbarter Themengebiete abdecken. Das Politische Archiv im Auswärtigen Amt ergänzte mit seinen Beständen aus dem Ministerbüro, den Büros der Staatssekretäre sowie involvierter Fachreferate die außenpolitische Dimension. Die nicht zu unterschätzende Länderkomponente sollte durch Akteneinsicht beim Bayerischen Hauptstaatsarchiv und beim Staatsarchiv München erhellt werden, jedoch machte die sehr rigide Aktenfreigabe nur marginale Erkenntniszuwächse möglich. Von sehr großem Wert hat sich der Nachlass Willy Brandts im Willy-Brandt-Archiv[6] in Bonn erwiesen, ebenfalls aufschlussreich waren die Deposita Walter Scheels und Hans-Dietrich Genschers im Archiv des Liberalismus in Gummersbach. Die Bundestagsfraktionsprotokolle der Regierungsparteien, für die FDP im Nachlass des damaligen Fraktionsvorsitzenden Wolfgang Mischnick in Gummersbach, für die SPD im Archiv der sozialen Demokratie in Bonn, rundeten das Bild ab. Aus oben genannten Gründen blieben die Bestände zur Arbeit der parlamentarischen Opposition unberücksichtigt.

Kursorisch erfasst wurden auch Printmedien, vor allem die Wochenmagazine *Spiegel* und *Stern*. Rundfunk- und Fernsehbeiträge konnten nur soweit ausgewertet werden, wie sie transkribiert vorlagen. Eine selten genutzte Quellengattung, die Karikatur in Zeitungen, ließ ebenfalls interessante Rückschlüsse zu.[7]

Der Zustand einiger zentraler Akten lässt den Schluss zu, dass die hier geleistete Quellenarbeit über weite Strecken Pionierarbeit ist.[8] Erschwerend kommt hinzu, dass für einige Bestände des Zeitraums noch keine Findbücher und nur mangelhafte Abgabelisten existieren. Ebenso konnten einige Dokumente aufgrund von übergeordneten Sicherheitsinteressen oder nicht gewährter Schutzfristverkürzung nicht eingesehen werden, was die eine oder andere quellentechnische Unvollständigkeit erklärt, jedoch angesichts der Vielzahl

---

[5] Alle verwendeten Abkürzungen werden im beigefügten Abkürzungsverzeichnis aufgelöst. Sie richten sich generell nach dem Abkürzungsverzeichnis des Deutschen Bundestages, welches online unter http://www.bundestag.de/interakt/Abkverz.html; Stand vom 27.1.2006, erhältlich ist. Ansonsten werden die im damaligen ministeriellen Schriftverkehr üblichen Bezeichnungen verwendet.
[6] Im Archiv der sozialen Demokratie der Friedrich-Ebert-Stiftung.
[7] Die verwendeten Karikaturen sind im Anhang beigefügt.
[8] Dies trifft zum Beispiel auf den Bestand des damals in Luftsicherheit federführenden Referats L7 im BMV (BArch B 108) zu. Die Seiten des Bestands waren vermutlich aufgrund von Wasserschäden zusammengeklebt und mussten erst unter fachkundiger Aufsicht wieder lesbar gemacht wurden.

von Quellen nicht ins Gewicht fällt. Um den Auflagen einiger Archive zu entsprechen, wurden die Namen von Personen, die unter den Urheberschutz fallen, mit dem Initial des Nachnamens anonymisiert.

Die Literaturbesprechung zum Untersuchungsgegenstand muss ungewöhnlich kurz ausfallen. Wissenschaftliche Sekundärliteratur zum Anschlag ist bislang nicht erschienen, was sicher auch mit den erst seit Kurzem zugänglichen Akten zusammenhängt. Dennoch muss besonders im Hinblick auf das breite Literaturangebot zum nationalen Terrorismus der 70er Jahre diese Zurückhaltung sehr erstaunen.[9] Die großen Standardwerke zur Geschichte der Bundesrepublik erwähnen das Attentat höchstens am Rande. Auch zu Teilaspekten wie der Nahostpolitik unter Brandt und Scheel oder der Innenpolitik unter Genscher weist die Forschungsliteratur gravierende Lücken auf.[10] Dennoch sind für die Regierungszeit Willy Brandts besonders die Werke von Arnulf Baring[11] und Karl Dietrich Bracher[12] nach wie vor maßgeblich und durch umfassende Detailkenntnis von großem Wert für den historischen Kontext dieser Arbeit. Aus der umfangreichen Literatur zum Terrorismus seien hier vor allem die Studien von Walter Laqueur[13] und Charles Townshend[14] herausgegriffen,

---

[9] Zumal auch die RAF sich „enthusiastisch" zum Anschlag von München geäußert hatte, was übergreifende Arbeiten zum Internationalen Terrorismus durchaus plausibel macht. Fetscher, I. u. Rohrmoser, G.: Ideologien und Strategien; in: Analysen zum Terrorismus; Bd. 1; hg. v. BMI; Opladen 1981; S. 218. Vgl. z. B. Meinhof, U. [wahrscheinlich]: Die Aktion des ‚Schwarzen September' in München. Zur Strategie des antiimperialistischen Kampfes; erschienen im November 1972; in: Rote-Armee-Fraktion. Texte und Materialien zur Geschichte der RAF; bearb. v. M. Hoffmann; Berlin 1997; S. 151-177. Zur Quellenkritik vgl. Fetscher, Ideologien, S. 262, Anm. 18. Zum Forschungsstand vgl. Weinhauer, K.: Terrorismus in der Bundesrepublik der Siebziger Jahre. Aspekte einer Sozial- und Kulturgeschichte der Inneren Sicherheit; in: AfS 44 / 2004; S. 219-242. Als gut recherchierte Überblicksdarstellung vgl. Peters, B.: RAF. Terrorismus in Deutschland; Stuttgart 1991.
[10] Einen groben Überblick bietet Fischer, F.: Von der ‚Regierung der inneren Reformen' zum ‚Krisenmanagement'. Das Verhältnis zwischen Innen- und Außenpolitik in der sozialliberalen Ära 1969-1982; in: AfS 44 / 2004; S. 395-414.
[11] Baring, A.: Machtwechsel. Die Ära Brandt-Scheel; München 1984. Diese Studie entstand im Auftrag und unmittelbaren Arbeitsumfeld des Bundespräsidenten Walter Scheel, so dass Baring Quellen verwenden konnte, die z. T. bis heute nicht freigegeben sind. Vgl. ebd, S. 13-26.
[12] Republik im Wandel. Die Ära Brandt; hg. v. K. D. Bracher, W. Jäger und W. Link; Stuttgart 1986.
[13] Vor allem wegen ihrer konzisen historischen Herleitung maßgeblich das ältere Standardwerk von Walter Laqueur. Vgl. Laqueur, W.: Terrorism; London 1977. Stark erweitert und die bisherigen Werke zusammenfassend erschien Mitte der 1980er-Jahre ders.: Terrorismus. Die globale Herausforderung; Frankfurt am Main u. Berlin 1987.
[14] Vgl. Townshend, C.: Terrorism; Oxford 2002.

die auch maßgeblich für die Begriffsverwendung von ‚Terror' als Aktion und ‚Terrorismus' als System in dieser Arbeit sind.[15] Für den palästinensischen Hintergrund sehr aufschlussreich, wenn auch mit gewisser Skepsis zu betrachten, ist die in den Medien häufig zitierte französische Autobiographie des selbsternannten Drahtziehers der Anschläge, die unter dem Pseudonym Abou Daoud erschien.[16] Ein besonderes Augenmerk verdient auch die professionelle, von Werner Kraemer erstellte Homepage zu den XX. Olympischen Spielen, die sich u. a. durch eine Vielzahl von schwer zugänglichen Tondokumenten auszeichnet.[17]

Der Anschlag auf die Olympischen Spiele 1972 genießt außerhalb der Wissenschaft nach wie vor großes Interesse, wie der jüngst erschienene und von starker medialer Aufmerksamkeit begleitete Film „München" von Steven Spielberg zeigt.[18] Der politische Journalismus hat sich mehrfach in monographischer Form mit dem Thema befasst, wobei hier der Schwerpunkt eher auf Geheimdiensttätigkeiten liegt.[19] Quellenhinweise sucht man meistens verge-

---

[15] ‚Terror' ist hier als gewaltsame, politische und zielgerichtete Aktion verstanden, der nicht mit dem heutigen, mit Al-Qaida in Verbindung gebrachte Terror im lateinischen Wortsinne verwechselt werden darf. ‚Terroristen' sind die entsprechenden ausführenden Personen. Mit ‚Terrorismus' ist in dieser Arbeit nur der für den Palästinenserkonflikt maßgebliche politische Terrorismus gemeint. Selbstverständlich spielten religiöse Vorstellungen hier auch eine Rolle, auf die aber, da sie nicht die zentrale Motivation der Aktionen waren, nicht detaillierter eingegangen werden soll. Auch die Unterschiede zwischen ‚Internationalem' und ‚Multinationalem Terrorismus' können vernachlässigt werden. Da die Intention, Organisation und Logistik der Anschläge hier nicht von zentralem Interesse ist, wird hier nur der Begriff ‚Internationaler Terrorismus' verwendet. Vgl. Laqueur, Terrorismus, S. 338-343.
[16] Hierin behauptet Abou Daoud, der heutige Präsident der Palästinensergebiete Mahmoud Abbas (= Abu Mazin) habe die Anschläge auf München finanziert. Auch PLO-Chef Yassir Arafat sei in die Pläne eingeweiht gewesen. Vgl. Abou Daoud: Palestine: de Jérusalem à Munich; Paris 1999.
[17] Kraemer, W.: Die Spiele der XX. Olympiade in München 1972. Eine Dokumentation. Die inoffizielle Homepage zu den heiteren und tragischen Spielen: http://www.olympia72.de
[18] Fast alle großen deutschen Tages- und Wochenzeitungen haben Ende Januar 2006 den neu erschienenen Kinofilm von S. Spielberg „München" zum Anlass genommen, die Ereignisse darzustellen. Die großen Wochenmagazine Focus, Stern und Time (Atlantic Edition) veröffentlichten wiederholt Reportagen, vor allem zu den noch andauernden Haftbefehlen und Drahtziehern des Anschlag. Vgl. z. B. Focus Jg. 2005, H. 7, S. 37-41 oder Jg. 1999, H. 19, S. 42 f. sowie H. 24, S. 54-57. Auch die Redaktion Zeitgeschichte des ZDF unter Guido Knopp arbeitet zur Zeit an einem Beitrag zu dem Anschlag von München.
[19] Vgl. Dan, U.: Opération vengeance; Paris 1996 oder Reeve, S.: One Day in September. The Story of the 1972 Munich Olympics Massacre; London 2000; Diesen Dokumentar-Roman zieht zum Beispiel auch W. von Kieseritzky in dem von ihm bearbeiteten Band der kommentierten Quellenedition zu Willy Brandt heran. Vgl. Willy Brandt. Berliner Ausgabe, Bd. 7; Bonn 2001; Fußnote 81.

bens. Auch die Belletristik hat einige mehr oder weniger gut recherchierte Werke zu diesem Thema hervorgebracht.[20] Die vorliegende Arbeit soll unterstreichen, dass spannende Themen der Zeitgeschichte nicht auf Fiktion angewiesen sind.

---

[20] Vgl. Draesner, U.: Spiele; München 2005; oder Groussard, S.: La médaille de sang; Paris 1973.

II Die Maßnahmen: Handlungszwang und Passivität

II.1 München und Zagreb: Informationen und Kommunikationswege

Die Ereignisse in München und später in Zagreb verlangten ein großes Maß an Reaktionsschnelligkeit und -sicherheit seitens der politisch Verantwortlichen. Beide Male setzte die knappe Zeit die Krisenstäbe in unmittelbaren Handlungszwang, da die Terroristen bei Nichterfüllung ihrer Forderungen innerhalb kürzester Fristen mit dem Tod ihrer Geiseln drohten. Selbst langjährigen Politikern und erfahrenen Beamten zerrte diese Extremsituation an den Nerven, wie besonders das im Anhang beigefügte Telexprotokoll zwischen den Einsatzleitungen München und Zagreb verdeutlicht.[21] Auch die zentrale Figur der Ereignisse, Bundesinnenminister Genscher, empfand diese Erlebnisse im Nachhinein als „gemeinsame schicksalhafte Prüfung"[22].

Bei der Analyse der Reaktionen und Maßnahmen muss bewusst sein, dass die zentrale Bedeutung für Handlungsentscheidungen in solch extremen Stresssituationen dem reibungslosen Funktionieren von Informations- und Befehlsketten zukommt.[23] Daher muss bei der Untersuchung der Ereignisse die kommunikative Ebene besonders berücksichtigt werden.

II.1.1 München, 5. September 1972 – „Da konnte die bayerische Polizei nicht mithalten"[24]

Die zum Teil stark widersprüchlichen Quellen zum 5. September haben das damalige Informationsproblem bis in die heutige Zeit erhalten. Für die Rekonstruktion der Ereignisse besonders wichtige Dokumente sind die Vernehmungsprotokolle der drei überlebenden Terroristen[25] sowie das Protokoll des

---

[21] Telex zwischen den Einsatzleitungen München und Zagreb vom 29.10.72; BArch B 108 / 52058.

[22] Genscher, H.-D.: Erinnerungen; Berlin 1995; S. 157.

[23] Vgl. Bericht von Oberst Kuring, Kommandeur der Waffenschule der Luftwaffe 50 vom 14.9.72 an den Bundesminister der Verteidigung auf Befehl von Generalinspektor Admiral Zimmermann. Hierin eine minutiöse Chronologie und ein detaillierter Bericht aus Sicht der Bundeswehrführungskräfte vor Ort. Eine Archivierung des Dokuments ist unbekannt. Die in Privatbesitz vorliegende Kopie des Berichts stammt aus dem Aktenbestand der inzwischen aufgelösten „Lehrsammlung Militärgeschichte" der Offiziersschule der Luftwaffe in Fürstenfeldbruck.

[24] ARD-Interview mit Polizei-Einsatzleiter Georg Wolf 1996; Tondokument (Zusammenschnitt); online unter http://www.olympia72.de/wolf.mp3; Stand vom 27.1.2006.

[25] Vgl. BArch B 141 / 37488. Die Namen der Überlebenden in den Vernehmungsprotokollen sind Badran, Al Danawy und Abdulah. In mehreren Veröffentlichungen werden die Namen auch anders angegeben. Offenbar spielen hier lange Familiennamen und die Transkription aus dem Arabischen eine Rolle.

polizeilichen Einsatzes.[26] Eine ebenfalls sehr bedeutsame Quelle sind die Ermittlungserkenntnisse gegen den Münchener Polizeipräsidenten Walter Schreiber und seinen Stellvertreter Georg Wolf.[27] Für die Arbeit des politischen Stabes sind die zwei Berichte des Außenamtsbeamten VLR Henze an seine Vorgesetzten zentral.[28] Eine sehr zuverlässige Quelle für den zeitlichen Ablauf der Vorgänge in Fürstenfeldbruck ist der Bericht des Kommandeurs der Luftwaffenschule Fürstenfeldbruck für den Bundesverteidigungsminister und den Generalinspekteur der Bundeswehr.[29] Dem fragmentarischen ‚Tagebuch' von Bundeskanzler Willy Brandt kommt nachrangige Bedeutung zu, da es erstens zur Veröffentlichung bestimmt war und zweitens das Entstehungsdatum nicht eindeutig feststellbar ist.[30] Ähnlich verhält es sich mit der offiziellen Dokumentation der Bundesregierung und des Freistaates Bayern, die schon kurz nach ihrer Veröffentlichung am 19. September 1972 stark umstritten war.[31]

Wie aus den Vernehmungsprotokollen der Terroristen hervorgeht, überwanden die acht Palästinenser zwischen 4 und 5 Uhr morgens[32] in zwei Gruppen den Zaun zum Olympischen Dorf. Der Überlebende Badran sagte am 19. September gegenüber der Münchener Staatsanwaltschaft aus, dass „vor dem Tor [...] bereits ein Stuhl [stand]. Mit Hilfe dieses Stuhles überstiegen diese Leute [sc. die erste Gruppe] den Zaun."[33] Von dort aus waren es nur wenige Meter bis zur Conollystraße 31, der Unterkunft der israelischen Athleten.

---

[26] Bericht des Bayerischen Innenministeriums vom 7.9.72; in PA B 36 / 501.
[27] Sachverhaltsrekonstruktion des Staatsanwaltschaft München I zur Begründung der Einstellung des Ermittlungsverfahrens gegen Schreiber und Wolf; Verfügung vom 5.2.73; BArch 106 / 146541. Der extrem detaillierte Bericht umfasst über 50 Seiten und ist damit wohl die präziseste Vorgangsbeschreibung zum Anschlag von München.
[28] Zwei FS vom 6.9.72; PA B 2 / 191. Diese Berichte waren ausdrücklich nur für die Staatssekretäre und Minister des AA und BMI bestimmt.
[29] Zum Bericht Kuring siehe FN 19.
[30] Zum ‚Tagebuch' vgl. die quellenkritischen Anmerkungen in BA 7; Anmerkung 1 zu Dokument Nr. 74; S. 590. In seinen Memoiren erwähnt er den Anschlag nur knapp. Vgl. Brandt, W.: Erinnerungen; Frankfurt am Main 1987.
[31] Der Überfall auf die israelische Olympiamannschaft. Dokumentation der Bundesregierung und des Freistaates Bayern; hg. v. BPA am 19.9.72. Der Bericht gliedert sich in 1. Sicherheitsmaßnahmen, 2. gewaltsame Befreiungsversuche und 3. Ablauf der Polizeiaktion in München und Fürstenfeldbruck.
[32] Die Zeitangaben werden grundsätzlich als Ziffern geführt und nur mit Minutenangaben versehen, wenn diese auch so präzise dokumentiert sind.
[33] Vernehmungsprotokoll Badran vom 19.9.72; in BArch B 141 / 37488.

Die Akten der Referate III (Sicherheit) und XIII (Ordnung) des Organisationskomitees (OK) der Olympischen Spiele offenbaren, dass gravierende Sicherheitslücken am Zaun lange bekannt waren: Weithin fehlende Beleuchtung und andauernde Probleme mit alkoholisierten Wächtern wurden schon geraume Zeit vor dem Anschlag verzeichnet. In der Nacht vom 5. September waren außerdem zwölf Ordnungskräfte weniger im Einsatz als vorgesehen.[34] Unter den spät nachts heimkehrenden Sportlern war es zudem üblich, einfach über den Zaun zu klettern.[35] Vorausschauende Maßnahmen zum Schutz der israelischen Sportler hatte es nicht gegeben.[36] Dies wird auch durch die Randlage der israelischen Unterkunft in dem weitläufigen Olympia-Gelände verdeutlicht.[37]

Nachdem sich die Terroristen zunächst verlaufen hatten[38], wies ihnen ein Klingelschild den Weg zur Wohnung der israelischen Mannschaft. Der Ringer Yossef Gutfreund versperrte mit seinem Körpergewicht den Zugang zur Wohnung, wurde jedoch kurz darauf durch den Türspalt niedergeschossen. Unter Zusage medizinischer Hilfe für Gutfreund zeigten die Israelis den Terroristen den Weg zur zweiten Mannschaftswohnung.[39]

Um 05:03 Uhr ging ein Notruf bei der Münchener Polizei ein, wenig später übergaben die Terroristen einem herbeigeeilten Polizeibeamten ihre Forderung nach Freilassung von 200 Gefangenen aus israelischer Haft. Die Frist lief um 9:00 Uhr aus.

Bis etwa 8 Uhr waren die politisch Verantwortlichen im Olympischen Dorf eingetroffen. Bereits in den frühesten Morgenstunden war ein polizeilicher Einsatzstab gebildet worden. Der „politische Krisenstab"[40] bestand aus dem

---

[34] Zu den langfristigen Problemen vgl. BArch B 185 / 2890 und / 2896. Zur Zahl der Ordnungskräfte vgl. Tätigkeitsbericht des Referat XIII (Ordnung), S. 84; BArch B 185 / 3230.

[35] Vgl. Marcovitz, H.: The Munich Olympics; Philadelphia 2002; S. 15.

[36] Größere Umsicht ließ man im Umgang mit der sowjetischen und jugoslawischen Mannschaft walten, deren Organisatoren propagandistische Angriffe befürchteten. Vgl. zu dieser Frage das Spiegel-Interview mit Polizeipräsident Schreiber in Der Spiegel; Heft 38 / 1972; S. 20. Ebenso Augstein, R.: Terror und kein Ende; ebd.

[37] Allerdings hatte es Ende August mehrere Gespräche zwischen Vertretern der israelischen Botschaft und dem OK gegeben, die diesbezüglich keine Bedenken geäußert hatten. Dies räumte auch Israels Premierministerin Golda Meïr ein. Vgl. Prime Minister's Statement at the Opening of the Knesset Winter Session; 16.10.72; hg. v. Press Bulletin Israel; PA B 36 / 505.

[38] Anführer Issa vermutete die Israelis im obersten Geschoss, fand dort jedoch nur die Wohnungen der Athleten aus Hong Kong und Korea vor. Nach Angaben von Badran wäre die Operation deshalb beinahe abgebrochen worden. Vgl. Vernehmungsprotokoll Badran vom 19.9.72; BArch B 141 / 37488.

[39] Aussagen Badrans in mehreren Vernehmungsprotokollen vom 14., 15., 18., 19. und 20.9.72; BArch B 141 / 37488.

[40] Genscher, Erinnerungen, S. 150.

bayerischen Innenminister Merk, dem gerade abgelösten Oberbürgermeister Münchens, Hans-Jochen Vogel, dem Münchner Polizeipräsidenten Schreiber, Bundesinnenminister Genscher sowie dem Präsidenten des NOK, Daume. Letzterer hielt den Kontakt zum IOK und dessen Präsidenten, Brundage. Die diplomatischen Verhandlungen lagen in der Hand von Staatssekretär von Braun.[41] Nach Beobachtungen des Magazins *Spiegel* waren auch der Bayerische Ministerpräsident Goppel sowie der nordrhein-westfälische Innenminister Weyer anwesend.[42]

Der Krisenstab wurde offenbar ad-hoc nach praktischen Erwägungen gebildet. Vorgaben oder Pläne für eine solche Zusammensetzung ließen sich aus den Akten nicht erschließen. Es ist zu vermuten, dass die Vereinigung aller verfügbaren Kompetenzebenen in einem Stab Absicht war. Dieser scheinbare Vorteil muss in der Retrospektive jedoch als Nachteil bewertet werden, da dies, wie später erläutert werden wird, zu höchst komplizierten Entscheidungsstrukturen führte und ein effizientes Reagieren eher verhinderte.

Durch erste Verhandlungen konnte das Ultimatum auf 12:00 Uhr verlängert werden. Das mit Bundes- und Landesregierung abgestimmte Angebot, „einen Geldbetrag in unbestimmter Höhe zur Verfügung zu stellen"[43] wurde abgelehnt. Auch der Vorschlag von Genscher, Merk, Schreiber und Vogel, sich selbst im Austausch gegen die Geiseln zur Verfügung zu stellen, wurde von den Terroristen nicht angenommen.[44] Polizeipräsident Schreiber betonte in einer Pressekonferenz gegen 11:15 Uhr: „Es geht weder um Geiseln noch um Geld, sondern es ginge um die 200 Gefangenen."[45] Um 11:30 Uhr trat in Bonn das Bundeskabinett zusammen. Bundesinnenminister Genscher wurde „autorisiert, im Zusammenwirken mit der bayerischen Staatsregierung alles Notwendige zur Rettung der Geiseln zu tun."[46]

Der in einer Sondermaschine herbeigeflogene israelische Botschafter Ben Horin verkündete gegen Mittag den Kabinettsbeschluss seiner Regierung, nicht auf die Forderungen einzugehen. Auch auf Drohung der Terroristen, zwei

---

[41] Staatssekretär im AA von 1970-1972. Vgl. Hoffmann, H.: Die Bundesministerien 1949-1999. Bezeichnungen, amtliche Abkürzungen, Zuständigkeiten, Aufbauorganisation, Leitungspersonen; Koblenz 2003; S. 159.
[42] Vgl. Der Spiegel; Heft 38 / 1972; S. 26.
[43] Bericht des Bayerischen Innenministeriums vom 7.9.72; PA B 36 / 501.
[44] Vgl. Genscher, Erinnerungen, S. 157. Besonders ist in dieser Frage widersprüchlich, wer sich tatsächlich zur Verfügung gestellt hat. Zum Beispiel führt von Kieseritzky – allerdings ohne Beleg – an, dass auch Peter Brandt, der Sohn des Kanzlers zum Austausch bereit gewesen sei, dafür erwähnt er Schreiber und Merk nicht. Vgl. BA 7; Anmerkung 3 zu Dokument Nr. 73; S. 590.
[45] Pressekonferenz Polizeipräsident Manfred Schreiber am 5.9.72 gegen 11.15 Uhr; Tondokument; online unter http://www.olympia72.de/schreiber.mp3; Stand vom 27.1.2006.
[46] Genscher, Erinnerungen, S. 150.

Geiseln vor laufenden Kameras zu erschießen, bekräftigte Ben Horin das kategorische Nein.[47]
Mit Unterstützung des Repräsentanten der Arabischen Liga und weiterer arabischer Diplomaten konnte das Ultimatum auf 13:00 Uhr verlängert werden. Mit Hinweis auf angeblich „laufende Verhandlungen" mit Israel erreichten Merk und Genscher im persönlichen Gespräch mit Anführer Issa eine Verlängerung auf 15:00 Uhr. Währenddessen wurden Scharfschützen positioniert und Kisten mit Nahrungsmitteln für die Versorgung der Geiseln gebracht. Als Köche verkleidete Polizisten sollten die Wohnungen ausspähen. Die Terroristen gingen jedoch nicht darauf ein, sondern trugen jede Kiste einzeln in die Wohnung. „Experten des Landeskriminalamtes, ein Chemiker, und ein Belüftungstechniker" kamen zu dem Schluss, „daß der Einsatz von chemischen Mitteln [...] keinen Erfolg verspreche."[48]
Bundeskanzler Brandt war inzwischen in seiner Residenz in Feldafing bei München eingetroffen, wo er sich über die Lage im Olympischen Dorf unterrichten ließ.[49] Mit Hinweis auf „technische Schwierigkeiten" gelang es Merk und Genscher, die Frist abermals auf 17:00 Uhr zu verlängern. Die Terroristen forderten nun freien Abzug mit einem Flugzeug und deutschen Geiseln nach Kairo.[50] Kurz vor Ablauf der Frist wurde den Einsatzkräften Sturmbereitschaft befohlen. Die Terroristen drohten, dass einige Israelis vor Ablauf der nächsten Frist öffentlich erschossen würden. Bundesinnenminister Genscher betrat nun erstmals und alleine das Gebäude, um mit den Geiseln über den Flug nach Kairo zu sprechen. Insgeheim sollte er natürlich die Situation in der Unterkunft und die bis dahin unbekannte Anzahl der Terroristen erkunden. Genscher ging zum Schein auf die Forderung der Terroristen ein und versprach freien Flug nach Kairo vom Militärflughafen Fürstenfeldbruck. Im Gegenzug wurde das Ultimatum auf 19:00 Uhr verlängert. Die Geiseln und Terroristen sollten per Hubschrauber nach Fürstenfeldbruck geflogen werden. Um 17:15 Uhr wurde das Gespräch beendet.[51]
Währenddessen wurden die ursprünglichen Pläne umgeworfen: „die erstuerumg d[es] hausses verbot sich, da sie voraussichtlich mit hohen opfern erkauft

---

[47] Bericht des Bayerischen Innenministeriums vom 7.9.72; PA B 36 / 501.
[48] Alle Zitate im Bericht des Bayerischen Innenministeriums vom 7.9.72; PA B 36 / 501.
[49] Vgl. die Aufzeichnungen für das ‚Tagebuch' von Willy Brandt; Zit. n. BA 7; Dokument Nr. 74; S. 350 f.
[50] Die Forderung des freien Abzugs nach Kairo wurde etwa um 16.30 Uhr bekannt. Vgl. Bericht des Bayerischen Innenministeriums vom 7.9.72; PA B 36 / 501. NOK-Präsident Daume gab in einem Spiegel-Interview an, er habe nach „Ablauf des 15-Uhr-Termins" davon erfahren. Der Spiegel; Heft 38 / 1972; S. 84.
[51] Vgl. Bericht des Bayerischen Innenministeriums vom 7.9.72; PA B 36 / 501.

worden waere."⁵² Zudem erwies sich als höchst problematisch, „dass die Geiseln mit ihren Bewachern mitten im belebten Bereich des Olympischen Dorfes waren, in schwer zu sichernden Gebieten mit vielfältigen Zugangsmöglichkeiten."⁵³ ARD-Reporter Lothar Loewe fiel gegen 17 Uhr auf, dass die Absperrung des Geländes höchst mangelhaft war und folgerte: „Sollten [...] die Terroristen entschlossen sein, mit Sprengstoff sich und die Geiseln selbst in die Luft zu sprengen, dann wären auch die Schaulustigen und auch die Journalisten und Angehörigen des Bundesgrenzschutz hier in dieser Situation sehr gefährdet."⁵⁴

Es ist deutlich zu erkennen, dass eine Vielzahl von Möglichkeiten erwogen und verworfen wurde: „Es ist viel diskutiert worden, im Führungsstab."⁵⁵ Allerdings fällt auch sofort die Improvisation ins Auge, die den Ablauf des Nachmittags bestimmte. Während die Terroristen den Faden der Handlung in der Hand hielten, gab sich der Krisenstab äußerst reaktiv und betonte die Mittlerrolle zwischen den Terroristen und der israelischen Regierung.

Offenbar war die Option, die Geiseln und Terroristen mit Hubschraubern vom Olympischen Dorf nach Fürstenfeldbruck zu bringen⁵⁶, bereits seit dem Vormittag in den Medien diskutiert worden. Der Kommandeur des Fliegerhorsts Fürstenfeldbruck schrieb in seinem Abschlussbericht, dass er „bereits ab 11 Uhr vormittags [...] laufend von Presseagenturen, Zeitungsredakteuren und Rundfunk- und Fernsehanstalten telefonisch angerufen"⁵⁷ worden war. Allerdings sei er erst um 17:55 Uhr von offizieller Stelle informiert worden, und erst dann konnten Vorbereitungen anlaufen.

Eine knappe Stunde später waren die Scharfschützen postiert, das Kreiskrankenhaus informiert und Teile des Krisenstabs unter anderem mit Genscher, Merk und Schreiber in Fürstenfeldbruck gelandet. Nach einer Besichtigung zog sich der Krisenstab zur Beratung zurück. „Bundeswehr-Angehörige [waren] bei der Besprechung nicht zugelassen"⁵⁸, obwohl grundlegende logistische Aufgaben, sowohl die Landung der Hubschrauber, als auch die Postie-

---

⁵² Erster Bericht VLR Henze, PA B 2 / 191; Fehler übernommen.
⁵³ Innenminister Merk auf der Pressekonferenz der politisch Verantwortlichen am 6.9.72 um 2.30 Uhr; online unter http://www.olympia72.de/pressekonferenz.htm; Stand vom 27.1.2006.
⁵⁴ Lothar Loewe in einer ARD-Reportage aus dem Olympischen Dorf am 5.9.72 um 17 Uhr; Tondokument; online unter http://www.olympia72.de/loewe.mp3; Stand vom 27.1.2006.
⁵⁵ Polizeipräsident Schreiber im Spiegel-Interview; Der Spiegel; Heft 38 / 1972; S. 32.
⁵⁶ Ob die Terroristen tatsächlich abfliegen sollten, war auch im Krisenstab umstritten, da die Gewalt über ein Flugzeug mit letztlich unkontrollierbarem Flugziel die Lage nur noch komplizierter hätte machen können. Vgl. erster Bericht VLR Henze, PA B 2 / 191.
⁵⁷ Ebd., S. 3.
⁵⁸ Ebd., S. 4.

rung der Lufthansamaschine vom Fliegerhorst wahrgenommen worden waren. Um 19:25 Uhr wurden die Pläne verworfen und der Krisenstab flog zusammen mit den Scharfschützen zurück ins Olympische Dorf. Die Option Fürstenfeldbruck sollte aber „weiterhin als Alternativprogramm bestehen"[59] bleiben. Diese erste Episode in Fürstenfeldbruck wird in den meisten Darstellungen nicht erwähnt[60] und dürfte auch weitgehend unbekannt sein. Allerdings zeigt sie, wie hektisch der Ablauf der Ereignisse tatsächlich war.

Im Olympischen Dorf waren derweil Vorbereitungen getroffen worden, die Terroristen auf dem Weg zu den Helikoptern zu erschießen, jedoch wurden die Erfolgsaussichten als zu gering eingeschätzt.[61] Zudem minderte die Hoffnung auf eine politische Lösung durch ein Ausfliegen nach Ägypten die Ambitionen auf ein unnötiges Blutvergießen in Deutschland. Aus Israel kamen inzwischen besorgte Fragen, ob wirklich „über die Überführung der Geiseln nach Kairo verhandelt werde" und ob technische Details geklärt seien.[62] Offenbar funktionierte auch die Kommunikation nach außen nicht reibungslos genug, um Missverständnisse zu vermeiden und Informationslücken gar nicht erst aufkommen zu lassen. Ein Mitglied der Einsatzzentrale im Olympischen Dorf schrieb wenig später an das Auswärtige Amt in Bonn:

> „die unfaehigkeit genaue nachrichten ueber das schicksal der geiseln zu beschaffen, war besonders peinlich, weil [der israelische] botschafter ben horin immer dringender bat, ihm fuer seine regierung, die sich in tel aviv in einer kabinettssitzung befand, informationen zu geben."[63]

Bundeskanzler Brandt schickte einen Appell an die Staats- und Regierungschefs der arabischen Länder: „ich appelliere in dieser stunde an sie, alles in ihren kraeften stehende zu tun, damit die in der gewalt der attentaeter befindlichen geiseln unversehrt ihre freiheit zurückerhalten. die ganze welt erwartet von ihnen, dass sie ihren einfluss geltend machen."[64] Erfolglos versuchte der

---

[59] Ebd., S. 4.
[60] Die offizielle Dokumentation verliert nur zwei Zeilen mit ungenauer Zeitangabe darüber. Vgl. Dokumentation, S. 44.
[61] Ursprünglich war angenommen worden, dass die Terroristen die 500 m zu den Helikoptern zu Fuß zurücklegen würden. VLR Henze schreibt: „als es soweit war, verlangten die palaestinenser ploetzlich mit einem bus zu den hubschraubern gefahren zu werden. damit war der erste plan zur befreiung gescheitert." Vgl. erster Bericht VLR Henze, PA B 2 / 191.
[62] Genscher, Erinnerungen, S. 153.
[63] Zweiter Bericht VLR Henze an das Auswärtige Amt; PA B 2 / 191.
[64] Ortex Nr. 87 an entsprechende Auslandsvertretungen; PA B 1 / 509. Brandt schreibt in seinem ‚Tagebuch', dass er noch aus Bonn den Appell losgeschickt habe. Auf die Zweifel an dieser Quelle wurde bereits eingegangen, wobei sicher auch der Zeitverlust zwischen Anweisung und Umsetzung eine Rolle spielt.

inzwischen im Olympischen Dorf eingetroffene Bundeskanzler Brandt[65] auf Anraten von Staatssekretär von Braun ab 18:30 Uhr, persönlich mit dem ägyptischen Präsidenten Anwar al-Sadat zu sprechen. Jedoch kam ein Kontakt nicht zustande, da der Präsident angeblich nicht auffindbar gewesen sei. Kurz vor 21 Uhr teilte der ägyptische Ministerpräsident Sidki Bundeskanzler Brandt in aller Deutlichkeit mit: „we do not want to get involved."[66]

Nach über 15 Stunden hatten die Bundes- und Landesregierung buchstäblich nichts erreicht, was sie einer Lösung der Situation näher gebracht hätte. Den Ereignissen des Tages hinterhereilend, war keine Zeit geblieben, frühzeitig Hilfe im Ausland anzufragen. Schließlich zerplatzte die letzte Hoffnung, das Problem auszufliegen, so dass dem Krisenstab keine Optionen mehr blieben: Er hatte sich in eine Sackgasse manövriert.[67]

Also wurde das ‚Alternativprogramm' aktiviert. Um 22:22 Uhr flog ein Teil der politischen Einsatzleitung erneut nach Fürstenfeldbruck.[68] Dieser bestand abermals aus Bundesinnenminister Genscher, Innenminister Merk und Polizeipräsident Schreiber, die schon wenige Stunden zuvor dort gewesen waren. Auch der CSU-Vorsitzende Strauß flog in diesem Helikopter mit.[69] Gleichzeitig starteten zwei weitere Helikopter mit den Terroristen und Geiseln an Bord. Erst jetzt wurde eindeutig klar, um wie viele Terroristen es sich handelte. Schreiber gab „diese Information nicht weiter, weil er sich darauf verließ, daß die Einsatzleitung in Fürstenfeldbruck bereits [...] verständigt worden war."[70] Der eine Stunde zuvor nach Fürstenfeldbruck geflogene Einsatzleiter Wolf war davon jedoch nicht in Kenntnis gesetzt worden.

---

[65] Dort hielt er sich, offenbar abseits des Krisenstabs, mit dem Bayerischen Ministerpräsidenten Goppel und Hans-Jochen Vogel im Büro des Journalisten Robert Lembke auf. Vgl. BA 7; Dokument Nr. 74; S. 351. Inwieweit Kontakt zwischen beiden ‚Stäben' bestand, lässt sich nicht beurteilen.

[66] Zweiter Bericht VLR Henze, PA B 2 / 191. Zu den Uhrzeiten vgl. Aufzeichnung VLR Schilling vom 5.9.72; in AAPD 1972 / II; Dokument Nr. 256; S. 1187 f.

[67] Dies belegen auch die polizeitaktischen Erläuterungen der offiziellen Dokumentation; Vgl. Dokumentation, S. 50, Frage 3.

[68] Vgl. Bericht des Bayerischen Innenministeriums vom 7.9.72; PA B 36 / 501.

[69] Vgl. Genscher, Erinnerungen, S. 157. Dies ist ein plausibler Grund, warum die Kritik des sonst so wortgewaltigen Franz Josef Strauß nach dem Fiasko äußerst milde ausfiel. In seinen Erinnerungen verliert er kein Wort über die Ereignisse von München. Vgl. Strauß, F.: Die Erinnerungen; München 1998. Der Spiegel kommentierte: „Auffällig und ungebeten drängte er sich in Krisenstab und Einsatzhubschrauber. Unauffällig verdrückte er sich, als die Aktion gescheitert war." Der Spiegel, Heft 38 / 1972; S. 21. Eine Debatte darüber, wer wen gedrängt habe, führten Genscher und Strauß auch auf der Leserbriefseite des Stern. Vgl. Der Stern; Heft 41 / 1972; S. 7.

[70] Sachverhaltsrekonstruktion des Staatsanwaltschaft München I zur Begründung der Einstellung des Ermittlungsverfahrens gegen Schreiber und Wolf; Verfügung vom 5.2.73; S. 30; BArch 106 / 146541.

Nach Angaben von VLR Henze soll sich auch der mittags angereiste „israelische minister samir" nach Fürstenfeldbruck begeben haben.[71] Es spricht viel dafür, auch wenn später jegliche israelische Beteiligung an dem Einsatz „nachhaltig dementiert"[72] wurde, dass es sich hier um den Mossad-Chef Zvi Zamir handelte.[73] Um 22:27 Uhr landete der Helikopter mit dem Krisenstab, um 22:32 Uhr die beiden Hubschrauber mit den Geiseln und Terroristen in Fürstenfeldbruck.[74]

Als Flugbegleiter getarnte freiwillige Einsatzkräfte der bayerischen Polizei befanden sich an Bord der bereitgestellten Boeing 727, wobei der Weg zwischen Helikoptern und Lufthansa-Maschine „möglichst lang"[75] gewählt worden war. Bei oder nach der zu erwartenden Inspektion der Maschine sollten die Terroristen überwältigt werden. Jedoch verließen die verkleideten Polizisten offenbar eigenmächtig die Boeing, bevor der Einsatz beginnen konnte: Der Leiter des Kommandos meldete, „als bereits die Positionslichter der Hubschrauber mit den Terroristen in Sicht kamen, [...] den Auftrag nicht ausführen zu können, denn sie sähen bei der zu erwartenden bewaffneten Auseinandersetzung mit den Terroristen keine Überlebenschance."[76]

Während zwei der Terroristen[77] auf dem Rollfeld von Fürstenfeldbruck die bereitgestellte Lufthansa-Maschine inspizierten, befand sich, nicht zuletzt nach der Absage aus Ägypten und einer fehlenden ‚echten' Flugzeugbesatzung[78], die Einsatzleitung in unmittelbarem Handlungszwang. Der Polizei-Einsatzleiter von Fürstenfeldbruck, Georg Wolf, erklärte 1996, dass „das die letzte Chance war, um ein ungehindertes Umbringen [...] der Geiseln zu ver-

---

[71] Vgl. erster Bericht VLR Henze; PA B 2 / 191. Henze ist offenbar nicht informiert, um wen es sich genau handelt. Genscher erinnert sich an „einen hohen Sicherheitsexperten mit Begleiter", der allerdings erst abends eingetroffen sein soll. Vgl. Genscher, Erinnerungen, S. 151.
[72] Sprechzettel BM Genscher; k. w. A.; PA B 1 / 509.
[73] Dies würde auch die außergewöhnlich gute Sachkenntnis der israelischen Regierung zu den Vorgängen in Fürstenfeldbruck erklären, zumal Botschafter Ben Horin im Olympischen Dorf geblieben war.
[74] Vgl. Chronologie im Bericht Kuring, S. 2.
[75] Ebd., S. 3.
[76] Vgl. auch Sachverhaltsrekonstruktion des Staatsanwaltschaft München I zur Begründung der Einstellung des Ermittlungsverfahrens gegen Schreiber und Wolf; Verfügung vom 5.2.73; S. 30; BArch 106 / 146541. Vgl. auch ARD-Interview mit Polizei-Einsatzleiter Georg Wolf 1996; Tondokument (Zusammenschnitt); online unter http://www.olympia72.de/wolf.mp3; Stand vom 27.1.2006.
[77] Die Zahlenangaben dazu sind widersprüchlich; hier die Angaben aus dem Bericht Kuring, S. 5.
[78] Vgl. Bericht des Bayerischen Innenministeriums zum Polizeieinsatz von Fürstenfeldbruck vom 7.9.72; PA B 36 / 501.

hindern, indem sie einfach einsteigen und wegfliegen."[79] Eine spätere Stürmung der Maschine kam laut Wolf ebensowenig in Frage: „Ein Sturm auf die Maschine durch [unsere] Leute, die wären abgeknallt worden von den andern wie die Hasen."[80]

Als um 22:37 Uhr[81] die Terroristen „eiligen Schritts wieder Richtung Hubschraubern"[82] zurückkehrten, eröffneten die fünf Scharfschützen[83] „nach mehrfachen Aufforderungen"[84] das Feuer auf die acht Terroristen, von den mindestens zwei noch in den Helikoptern saßen: „Der Raum zwischen den Hubschraubern und der Maschine der Lufthansa war mit drei Lichtgiraffen sehr hell ausgeleuchtet."[85] „Jedoch hatte eine dabei zwangläufig zu Tage tretende Schattenbildung der Hubschrauber und anderer in diesem Bereich stehender Objekte […] zur Folge", dass nur ein Teil der Terroristen „kampfunfähig"[86] gemacht wurde. Einige konnten sich in den Schatten der Helikopter flüchten. In der Folge entwickelte sich ein „sehr heftig[er]" Schusswechsel von „etwa 45 Minuten"[87], einige Quellen berichten von mehreren Stunden.

Die Einsatztaktik wurde hinterher massiv kritisiert. Aus dem Ausland kommentierte Mossad-General Zamir später: „Ausgesprochener Dilettantismus."[88] VLR Henze zitiert in seinem ersten Bericht Augenzeugen: „offensichtlich erschwerte die beleuchtung das zielen […] es haette schon frueher geschossen werden muessen […] es sei mit maschinenpistolen geschossen worden, die bei dieser entfernung keine hinreichende zielgenauigkeit mehr besessen."[89] Die offizielle Dokumentation bezeichnet die Bewaffnung als „optimal"[90]. Polizei-

---

[79] ARD-Interview mit Polizei-Einsatzleiter Georg Wolf 1996; Tondokument (Zusammenschnitt); online unter http://www.olympia72.de/wolf.mp3; Stand vom 27.1.2006. Fast wortgleich äußert sich Innenminister Merk vor dem Innenausschuss des Bundestags am 18.9.72; Protokoll in: PA B 36 / 191.
[80] ARD-Interview mit Polizei-Einsatzleiter Georg Wolf 1996; Tondokument (Zusammenschnitt); online unter http://www.olympia72.de/wolf.mp3; Stand vom 27.1.2006.
[81] Vgl. Bericht Kuring, S. 2.
[82] ARD-Interview mit Polizei-Einsatzleiter Georg Wolf 1996; Tondokument (Zusammenschnitt); online unter http://www.olympia72.de/wolf.mp3; Stand vom 27.1.2006.
[83] Zur geringen Anzahl der Scharfschützen vgl. Spiegel-Interview mit Polizeipräsident Schreiber in Der Spiegel; Heft 38 / 1972; S. 32.
[84] Bericht Kuring, S. 5. Kuring vermutet, dass die Scharfschützen eigenen Ermessensspielraum gehabt hätten.
[85] Bericht des Bayerischen Innenministeriums vom 7.9.72; PA B 36 / 501.
[86] Beide Zitate von Innenminister Merk auf der Pressekonferenz der politisch Verantwortlichen am 6.9.72 um 2.30 Uhr; online unter http://www.olympia72.de/pressekonferenz.htm; Stand vom 27.1.2006.
[87] Erster Bericht VLR Henze, PA B 2 / 191.
[88] Zit. n. Der Spiegel; Heft 38 / 1972; S. 19.
[89] Erster Bericht VLR Henze; PA B 2 / 191.
[90] Dokumentation, S. 55.

Einsatzleiter Wolf stellt die „waffenmäßige Überlegenheit der Terroristen gegenüber der Polizei" heraus: „Die waren ja mit anderen Gewehren und Schnellfeuergewehren mit Stahlmantelgeschoss und so weiter und mit Handgranaten und alles ausgerüstet. Da konnte die bayerische Polizei nicht mithalten."[91] Wobei er jedoch verschweigt, dass anlässlich der Olympischen Spiele Einsatzkräfte aus dem gesamten Bundesgebiet eingesetzt waren, auch in Fürstenfeldbruck.[92] Ebenso war die Polizei am Abend des 5. September vom Fliegerhorst Fürstenfeldbruck großzügig mit Waffen und Ausrüstung ausgestattet worden.[93] Das grundlegende Problem lag vielmehr in der mangelnden Voraussicht und schlechter Koordination. Oder, wie der ebenfalls anwesende, spätere GSG 9-Kommandeur Ulrich Wegener kommentierte: „Das Schlimme war, dass damals niemand auf so etwas vorbereitet war, denn die Olympischen Spiele waren als fröhliche Spiele propagiert, und dementsprechend waren die Sicherheitsvorkehrungen."[94] Nicht zuletzt war es auch eine Frage der Logistik und Kommunikation, dass gepanzerte Fahrzeuge der Polizei „mit dem Auftrag, noch Widerstand leistende Terroristen auszuschalten"[95] erst um 24 Uhr in Fürstenfeldbruck eintrafen.[96]

Besonders dramatisch wurde die Informationslage, als während des Feuergefechts „der tower des flugplatzes und mit ihm die funkanlage getroffen"[97] wurden. Über Stunden war die Außenwelt von den Ereignissen auf dem Flug-

---

[91] ARD-Interview mit Polizei-Einsatzleiter Georg Wolf 1996; Tondokument (Zusammenschnitt); online unter: http://www.olympia72.de/wolf.mp3; Stand vom 27.1.2006.
[92] Vgl. die Berichte der einzelnen Einsatzgruppen aus dem gesamten Bundesgebiet in BHStA / MInn 88579 bis 88584. Im Band 88581, als Anhang zum Bericht der Landespolizeidirektion Oberbayern vom 9.1.73 befindet sich zudem eine Fototafel mit drei bislang unveröffentlichten Bildern, die die von den gefangenen Terroristen angeführte These erhärten, dass die Geiseln zumindest zum Teil durch das Polizeifeuer umgekommen sein könnten. Vgl. v. a. Bild 3 sowie Bildunterschrift. Die offizielle Dokumentation erklärte den Tod der Geiseln apodiktisch durch Schüsse der Terroristen (vgl. Dokumentation, S. 59) obwohl die kriminaltechnischen Untersuchungen noch gar nicht abgeschlossen waren. Vgl. ebd., S. 8.
[93] Vgl. Materialliste im Bericht Kuring, S. 4.
[94] BR-Interview mit Ulrich Wegener am 14.11.2000; Online verfügbar unter: http://www.br-online.de/alpha/forum/vor0011/20001114_i.shtml; Stand vom 27.1.2006.
[95] Bericht des Bayerischen Innenministeriums vom 7.9.72; PA B 36 / 501.
[96] Vgl. Bericht Kuring, S. 2.
[97] Erster Bericht VLR Henze, PA B 2 / 191; Übereinstimmend auch Bericht des Bayerischen Innenministeriums vom 7.9.72; PA B 36 / 501. Ganz genau war es das Hauptstromkabel am Tower, das durch einen Zufallstreffer durchschossen worden war. Vgl. Bericht Kuring, S. 5.

hafen abgeschnitten. Zwischenzeitlich kursierten Gerüchte, dass einige Terroristen oder Geiseln hätten fliehen können.[98]
In deutscher, englischer und arabischer Sprache wurden die noch Überlebenden zur Kapitulation aufgefordert. Kurz nach Mitternacht, so der Bericht des Bayerischen Innenministeriums, zündete einer der Terroristen im Hubschrauber eine Handgranate und versuchte, in der Dunkelheit zu entkommen. Auf der Flucht wurde auch dieser erschossen: „Ebenso erging es dem aus seiner Deckung unter dem Hubschrauber hervorbrechenden Anführer der Terroristen."[99] Erst danach konnte die Flughafenfeuerwehr den in Brand geratenen Hubschrauber löschen, da bis dahin „Rettungsversuche mit Krankenwagen [...] durch Schüsse aus dem anderen Hubschrauber unterbunden"[100] wurden. Zwei angeschossene und ein unter Schock stehender Terrorist konnten schließlich gegen 1:30 Uhr festgenommen werden.[101]
Wie groß die Reibungsverluste in den Informationsketten am 5. September waren, wurde für alle Außenstehenden sichtbar, als Regierungssprecher Conrad Ahlers die Befreiung der Geiseln für geglückt erklärte.[102] Nach einem Tag des Zitterns vor den Fernsehbildschirmen verbreitete sich diese Nachricht umgehend durch die internationalen Medien. Die unvermeidliche Offenbarung der Katastrophe wurde umso niederschmetternder, nicht nur für die Angehörigen der Opfer.[103]
Die Bilanz des Tages, die um 2.30 Uhr des 6. September in einer internationalen Pressekonferenz der politisch Verantwortlichen vermutet und später bestätigt wurde, war ernüchternd: elf tote israelische Sportler, fünf tote und drei verletzte Terroristen und ein toter sowie zahlreiche verletzte Polizeibeamte.
Fasst man das Verhalten der politischen Führung an diesem Tag zusammen, muss man es als äußerst reaktiv und improvisiert charakterisieren. Das größte Problem stellte sich in der Separation von „Grundsatzentscheidungen und

---

[98] Vgl. Pressekonferenz der politisch Verantwortlichen am 6.9.72 um 2.30 Uhr; online unter http://www.olympia72.de/pressekonferenz.htm; Stand vom 27.1.2006.
[99] Bericht des Bayerischen Innenministeriums vom 7.9.72; PA B 36 / 501.
[100] Innenminister Merk auf der Pressekonferenz der politisch Verantwortlichen am 6.9.72 um 2:30 Uhr; online unter http://www.olympia72.de/pressekonferenz.htm; Stand vom 27.1.2006.
[101] Vgl. Bericht Kuring, S. 6.
[102] Vgl. Der Spiegel; Heft 38 / 1972; S. 21. Ebenso auch die Rundunkmeldung vom 6.9.72; 0:00 Uhr; Tondokument; online unter http://www.olympia72.de/060972-0uhr.mp3; Stand vom 27.1.2006. Schon zuvor war Regierungssprecher Ahlers häufiger durch voreilige oder unabgesprochene Äußerungen in harte Kritik, auch von Bundeskanzler Brandt, geraten. Vgl. WBA BK / 9, 84 f.; BK / 144, 9; BK / 170, 2. Die Forderung nach Entlassung des Regierungssprechers ließ daher nicht lange auf sich warten. Vgl. PA B 1 / 391.
[103] Sehr eindringlich beschrieben ist diese Situation in dem Dokumentar-Roman von Reeve, September, S. 151-155.

Durchführungsentscheidungen [...]: <u>Nur Einer kann befehlen.</u> [...] Information und Koordination entscheiden über den Erfolg".[104] Vorausschauendes Handeln des übergroßen politischen Stabs kann höchstens im Sinne von Unterlassungen festgestellt werden, jedoch zeigen unter anderem auch die viel zu späten persönlichen Aufrufe des Kanzlers an das Ausland, wie hilflos und unvorbereitet sich der Krisenstab in die Ecke hatte drängen lassen. Oder mit den Worten des Spiegel-Kommentators: „Der Krisenstab [...] geriet selbst in eine Krise."[105]

II.1.2 Zagreb, 29. Oktober 1972 – „Nur untergeordnete Chargen"

Noch am 6. September schrieb Dr. Corves vom BMJ mit der Bitte um verstärkte Bewachung der inhaftierten palästinensischen Terroristen[106] an alle Landesjustizverwaltungen: Es „kann nicht ausgeschlossen werden, daß durch Terrorakte Versuche zur Befreiung dieser Täter [...] unternommen werden."[107] So kam eine Dienstbesprechung im BMI unter Vorsitz von BM Genscher zu dem Schluss, dass „Luftfahrzeuge der Deutschen Lufthansa [...] besonders gefährdet sind". Der radikale Schluss daraus: „Ausschluß aller Fluggäste aus arabischen Ländern von der Beförderung [und] [s]ofortige Auflösung der Arbeitsverhältnisse mit allen Arbeitnehmern aus arabischen Ländern, die im Luftverkehr beschäftigt sind".[108]

Am 9. September schließlich kam es zu der ersten konkreten Drohung, eine Lufthansa-Maschine mit dem Ziel der Freipressung der inhaftierten Terroristen von München zu entführen.[109] Nach zahlreichen weiteren Drohungen und Warnhinweisen auch von offiziellen Stellen wurde am Morgen des 29. Oktober tatsächlich eine Lufthansa auf dem Weg von Beirut nach Ankara entführt. Die Entführer drohten damit, die Maschine in die Luft zu sprengen.

Auch hier offenbaren die Meldungen aus den Auslandsvertretungen offenbar zeitlich bedingte Informationsmängel.[110] Nach einem Tankstopp in Nikosia flog die Maschine nach Zagreb weiter. Schon im österreichischen Luftraum,

---

[104] Bericht Kuring, S. 6; Herv. übernommen.
[105] Der Spiegel; Heft 38 / 1972; S. 21.
[106] auch der deutschen Linksextremisten.
[107] Schreiben Corves an alle Justizverwaltungen vom 6.9.72; BArch B 141 / 30899.
[108] Ergebnisvermerk der Dienstbesprechung vom 8.9.72; BArch B 106 / 146540. Die Schlussfolgerungen wurden mit Bitte um Umsetzung an AA und BMV weitergegeben. Vgl. FS an das AA vom 10.9.72; PA B 36 / 510.
[109] Vgl. FS des BMI an das AA mit Bezug auf einen anonymen Brief vom 9.9.72; PA B 36 / 506.
[110] Vgl. FS Nikosia an das AA, in dem zum Beispiel die Flugroute falsch angegeben wird; 29.10.72; PA B 36 / 501.

offenbar auf dem Weg nach München, kehrte die Maschine wieder um und kreiste über Zagreb.[111]

Inzwischen zeigten sich die diplomatischen Auswirkungen vom 5. September, auf die noch genauer einzugehen sein wird: Der israelische Botschafter Ben Horin bekam Weisung, „bei deutscher Regierung zu intervenieren. […] Nach München würde israel. Reg. es nicht verstehen, wenn die 3 Inhaftierten freigelassen würden."[112] Auch die Arabische Liga weigerte sich, auf Bitten des AA wie am 5. September die Verhandlungen zu unterstützen. Der entsprechende Vertreter verwies auf die „schlechten Erfahrungen", den mangelnden Einfluss des AA auf die tatsächlichen Geschehnisse vor Ort und betonte, dass es „dieses Mal allein Sache der Deutschen [sei], mit diesem Problem fertig zu werden."[113]

Erstaunlich schnell wurden die Inhaftierten zum Flughafen München-Riem gebracht. So notierte VLR Holderbaum um 13:10 Uhr über ein Telefonat mit der Auslandsvertretung Zagreb, kurz nachdem die Forderung der Terroristen bekannt geworden war, die Inhaftierten in München-Riem abholen zu wollen: „Konsul Schmid ergänzt: Einer der Araber ist bereits auf dem Flughafen München-Riem, die beiden anderen sind im Anmarsch. Mit ihrer Ankunft wird in etwa 1 Std. gerechnet."[114] Wer die Anordnung dazu gegeben hatte, ist nicht mehr feststellbar.[115]

Danach aber überschlugen sich die Ereignisse und Probleme. Entgegen der ursprünglichen Forderung sollten nun die drei Inhaftierten nach Zagreb geflogen und dort an Bord der entführten Lufthansa gebracht werden. Die Lage verkomplizierte sich insofern, als dass so die maßgebliche Gestaltung der Verhandlungen in jugoslawischer Hand lag. Vor der Kulisse des Ost-West-Konflikts eröffneten sich neue diplomatische Dimensionen. Die Bundesregierung, vertreten durch das Krisenzentrum im BMI, stellte zwar Forderungen, unter welchen Modalitäten die Übergabe und Verhandlungen ablaufen sollten[116], jedoch waren, bedingt durch den Sonntag, nur schwer Amtsträger in Belgrad zu erreichen. Zudem durften keine Sicherheitsbeamte an Bord des

---

[111] Vgl. zahlreiche, z. T. handschriftliche Vermerke vom 29.10.72 von VLR Roth und VLR Holderbaum, die dem ad-hoc Sonderstab „Flugzeugentführung" im AA angehörten; PA B 36 / 501.

[112] Vermerk 9 von VLR Roth (handschriftlich) über einen Anruf um 12.45 Uhr von Botschafter von Puttkamer aus Tel Aviv; 29.10.72; PA B 36 / 501.

[113] Vermerk 5 von VLR Roth; 29.10.72; PA B 36 / 501.

[114] Vermerk 10 von VLR Holderbaum; 29.10.72; PA B 36 / 501.

[115] Majid Sattar berichtet in der FAZ, dass der bayerische Justizminister Philipp Held die Entscheidung zur Freilassung getroffen habe. Es bestehen jedoch Zweifel an der Aussagekraft des Artikels, da sich mehrere Behauptungen nicht mit den untersuchten Quellen decken. Vgl. Sattar, M.: Der erpreßbare Staat; in: FAZ; 25.1.2006.

[116] Vermerk 14 von VLR Roth; 29.10.72; PA B 36 / 501.

Flugzeugs mit den Terroristen sein, was die Lage abermals komplizierter machte. Gleichzeitig tagte in München ein Krisenstab unter Polizeipräsident Schreiber und Oberbürgermeister Kronawitter. Der hinzugezogene Vorstandsvorsitzende der Lufthansa, Dr. Culmann, stand in Kontakt mit dem Krisenstab Zagreb, wo sich der westdeutsche Generalkonsul Laqueur und u. a. der kroatische Innenminister Husjak um die Lage vor Ort kümmerten.[117] In Belgrad hielt Botschafter Jaenicke Kontakt zur jugoslawischen Regierung. Die verschiedenen Quellen zum Ablauf der Ereignisse offenbaren jedoch teilweise haarsträubende Informationsdefizite. So war lange unbekannt, wo genau sich der deutsche Botschafter aufhielt. Und während der „Generalkonsul Laqueur [...] erklärt, daß Angelegenheit über Bundesregierung in Belgrad laufen müsse", bekam Botschafter Jaenicke in Belgrad „mit Zagreb selbst schlecht Verbindung".[118]

Am Nachmittag bestiegen die drei Terroristen zusammen mit zwei Kriminalbeamten in Zivil, einem Piloten und Culmann in München ein Condor-Flugzeug, „um die Verhandlungen zu fördern"[119]. Zwar sollte auch Oberstaatsanwalt Ammon als Vertreter der Bayerischen Justiz mitfliegen, jedoch war dieser kurz vor Abflug nicht auffindbar.[120] Während die Maschine Order hatte, den deutschen Luftraum keinesfalls zu verlassen, solange nicht direkte Anweisung dazu ergeht[121], kreiste die Lufthansa über Zagreb mit der Drohung, „die Maschine [nicht] vor Ankunft der drei Gefangenen in Zagreb landen zu lassen"[122]. Das Risiko eines Absturzes aufgrund von Treibstoffmangel war durchaus real und kalkuliert.[123] Der Krisenstab Zagreb meldete kurz darauf: „erfahren das die entfuehrer nur noch mit muc flugsicherung sprechen

---

[117] Vgl. BArch B 108 / 52058; vgl. a. Zusammenfassung in Vermerk 20; 29.10.72 (evtl. rückdatiert); PA B 36 / 501.
[118] Ebd.
[119] Begründung der Einstellung des Strafverfahrens gegen Dr. Culmann vom 26.6.73; Staatsanwaltschaft Landgericht München; BArch B 108 / 52058.
[120] Vgl. Bericht des Referats L7 des BMV an das BMJ vom 9.12.72; BArch B 108 / 52058. Ammon sagte später dazu aus, dass er sich mit einem der Inhaftierten (Badran) bereits auf dem Flugfeld befunden habe, jedoch in letzter Minute von Generalstaatsanwalt Lossos zurückbeordert worden sei.
[121] Vor allem wurde auf schriftliche Zusicherung der jugoslawischen Regierung gewartet, der Landung der Condor-Maschine und dem Austausch der Inhaftierten gegen die Geiseln auf jugoslawischem Territorium stattfinden zu lassen. Vgl. Telexaufzeichnung zwischen den Stäben München und Zagreb; Im Anhang beigefügt; BArch B 108 / 52058.
[122] Begründung Strafverfahren Culmann; BArch B 108 / 52058.
[123] Die Begründung im Strafverfahren Culmann erläutert: „Nach der Landung [in Zagreb] verfügte die Lufthansa-Maschine noch über Treibstoff für etwa 30 Sekunden Flug." BArch B 108 / 52058.

wollen die lehnen jedes gespreach mit zag in moment ab"[124]. Zeitgleich brach aus „nicht geklärten Gründen […] die Funkverbindung der Condor-Maschine mit dem Flughafen München-Riem"[125] ab, während der Kontakt zwischen den beiden Maschinen offenbar funktionierte.

Während Bundesinnenminister Genscher weitere Zugeständnisse der Entführer forderte, damit die Condor mit den Inhaftierten den deutschen Luftraum verlässt, gab entgegen jeder Absprache Lufthansa-Chef Culmann dem Piloten der Condor Befehl, direkt nach Zagreb zu fliegen. In der Begründung zur Einstellung des späteren Strafverfahrens gegen Culmann wurde dies mit einem „übergesetzlichen Notstand"[126] gerechtfertigt. Mit äußerst knappem Treibstoff und nur noch einem laufenden Triebwerk landete kurz darauf die Lufthansa-Maschine in Zagreb. Als auch die Condor in Zagreb eintraf, ließen die Entführer die Lufthansa-Maschine abermals durchstarten, mit der Forderung, dass bei der erneuten Landung die drei Inhaftierten alleine auf der Landesbahn stehen sollten: „[Z]ur großen Überraschung der jugoslawischen Regierung" wurden daraufhin um 17:05 Uhr[127] die „drei Münchener Attentäter an die Entführer der Lufthansamaschine übergeben."[128]

Zwar äußerten die Krisenstäbe in Bonn und München weiterhin Wünsche eines Zug-um-Zug-Austauschs der Geiseln gegen Terroristen, jedoch bestätigte Lufthansa-Kapitän Walter Claussen später:

> „es habe zu den bedingungen der entfuehrer gehoert, dass ‚die in muenchen inhaftierten in zagreb aufgenommen werden ohne dass eine geisel dagegen ausgetauscht wird.' ein handel war nicht möglich.' […] es habe niemals eine zusage der entfuehrer gegeben, die passagiere in zagreb freizulassen."[129]

Ebenso wurde der nachdrücklichen Aufforderung des BMI-Krisenstabs an die jugoslawische Regierung, die „entführte DLH-Boeing 727 nach Landung in Zagreb nicht wieder starten zu lassen (nicht auftanken, zur Not Reifen zerschneiden)"[130] nicht nachgegangen. Statt dessen wurde die Maschine umge-

---

[124] Telexaufzeichnung zwischen den Stäben München und Zagreb; Fehler übernommen; Im Anhang beigefügt; BArch B 108 / 52058.
[125] Begründung Strafverfahren Culmann; BArch B 108 / 52058.
[126] Erklärung des Landgerichts Münchens zur Einstellung des Strafverfahrens gegen Culmann vom 26.6.73; BArch B 108 / 52058.
[127] Vgl. Bericht zu den Vorgängen von Zagreb; in: PA B 1 / 509.
[128] Chronologischer Vermerk über die Kontakte zwischen jugoslawischer und Bundesregierung; k. w. A.; PA B 36 / 501.
[129] dpa-Meldung über ein Telefon-Interview von LH-Kapitän Claussen aus Tripolis mit dem Westdeutschen Rundfunk vom 30.10.72; 9.57 Uhr; PA B 36 / 501.
[130] Handschriftliche Notiz VLR Strothmann über ein Telefonat mit MD van Well um 15.45. Uhr; Vermerk 12; 29.10.72; Herv. übern.; PA B 36 / 501.

hend betankt und hob kurz darauf in Richtung Tripolis in Libyen ab.[131] Nach Angaben des jugoslawischen Lufthansadirektors soll der jugoslawische Staatspräsident persönlich die Weisung zur Betankung gegeben haben, so „dass entfuehrte maschine schnellstmoeglichst jugoslawisches hoheitsgebiet verlaesst."[132] Am Abend landete die Maschine schließlich in Tripolis, wo sowohl die Geiseln als auch die Entführer und Terroristen von München in Obhut der libyschen Regierung genommen wurden. Tags darauf konnte die Lufthansa-Maschine mit den Freigelassenen wieder zurück nach Deutschland fliegen. Die grundlegenden Probleme im Bezug auf die Verhandlungen von Zagreb waren abermals Informationsdefizite und Kompetenzfragen. Beispielhaft dafür ist die Ankündigung von MD van Well aus dem BMI-Krisenstab am Nachmittag: „Vertreter der Bundesregierung können sofort zur Aufnahme von Verhandlungen nach Zagreb kommen"[133]. Tatsächlich befand sich aber bis zum Ende der Entführung außer dem Generalkonsul kein einziger Vertreter der Bundesregierung in Zagreb. Condor-Kapitän Gaebel, „Mitglied der dreiköpfigen Kommission, die nach dem ursprünglichen Plan in München [mit] den Entführern über die Freilassung der Geiseln gegen Übergabe der Gefangenen verhandeln sollte [... war] als einziger dieser Kommission mit nach Zagreb geflogen."[134] Der Abteilungsleiter der in Luftsicherheitsfragen federführenden Abteilung L im BMV fand dafür harte Worte:

> „Dem tatsächlichen Geschehen ferne und auf sekundäre Nachrichtenmittel angewiesene Krisenstäbe sind nicht in der Lage, der jeweiligen Situation entsprechende sachgerechte Entscheidungen kurzfristig zu treffen. Wären die Weisungen des Münchener Krisenstabes buchstabengetreu ausgeführt worden, wäre mit hoher Wahrscheinlichkeit das Lufthansaflugzeug gesprengt worden, oder abgestürzt. [...] Es geht nicht an, daß sich die Entscheidungsträger dem Geschehen fern halten [...] – warum flog der Leiter der Aktion am Flughafen, der stellvertretende Polizeipräsident Dr. Wolf oder Dr. Schreiber selbst nicht mit, sondern nur untergeordnete Chargen?"[135]

Die Betrachtung der Ereignisse von Zagreb offenbart, dass ähnlich wie am 5. September Informationsdefizite und unübersichtliche Kommunikationswege den Handlungsspielraum der Bundesregierung stark eingeengt hatten. Die zum Teil dadurch begründete generelle Inflexibilität sowohl der Verhand-

---

[131] Ein Vermerk von Herrn/Frau Hoffmann vom 29.10.72 bestätigt, dass es diesbezüglich keinerlei Konsultationen mit einem der Krisenstäbe in Deutschland oder BM Scheel gegeben hätte. Vgl. PA B 1 / 509.
[132] FS Zagreb an das AA; 30.10.72; PA B 36 / 501.
[133] Chronologischer Vermerk über die Kontakte zwischen jugoslawischer und Bundesregierung; k. w. A.; PA B 36 / 501.
[134] Begründung Strafverfahren Culmann; BArch B 108 / 52058.
[135] Bericht von Abteilungsleiter L im BMV an BM Lauritz Lauritzen vom 2.11.72; B 108 / 52058.

lungsführung als auch -inhalte war einer der wesentliche Gründe dafür, dass im „Kampf gegen den internationalen Terrorismus [...] der Rechtsstaat eine Schlacht verloren"[136] hatte.

Zusammenfassend ist festzuhalten, dass sowohl in München als auch in Zagreb „das Gesetz des Handelns nicht nur auf [...] Seite" der Regierung lag, „sondern [...] teilweise vorgeschrieben"[137] wurde. Zeitdruck und Informationsdefizite, aber auch eine unübersichtliche Vielzahl von Stäben und Verantwortlichen engten den Handlungsspielraum der Bundesregierung erheblich ein. Lebenswichtige Entscheidungen wurden sowohl in München als auch in Zagreb von nicht-zuständigen Personen getroffen. Die resultierenden Reaktionen waren daher in erster Linie spontan-reaktiv und improvisierter Natur.

II.2 Kompetenzen und Ressorts: „Befremden über eine Intervention Ihres Hauses"

Die Frage der Zuständigkeit und der damit verbundenen Verantwortung zieht sich durch die gesamten Ereignisse von München und Zagreb als auch der Zwischen- und Folgezeit. Geht man dieser Frage anhand der Quellen nach, zeigt sich bald ein unübersichtliches Feld an Kompetenzverflechtungen zwischen Ministerressorts und föderalen Entscheidungsebenen. Zum Verständnis der politischen Reaktionen auf die Anschläge ist es daher unumgänglich, die strukturellen Handlungshorizonte aufzuzeigen. Fragen des Staatsorganisationsrechts sind hierfür von ebenso grundlegender Bedeutung wie dessen praktische Umsetzung im Behördenalltag. Die exponierte Funktion des Bundeskanzlers innerhalb der Exekutive und deren Umsetzung durch Willy Brandt im Hinblick auf die untersuchten Ereignisse bilden den kapitalen Schlussstein der Betrachtung.

II.2.1 Hemmnis Föderalismus?

Der Umgang mit den Anschlägen erforderte eine Zusammenarbeit auf und zwischen fast allen administrativen Ebenen der Bundesrepublik Deutschland.[138] Im September 1972 berührte es auf horizontaler Bundesebene min-

---

[136] Winkler, H. A.: Der lange Weg nach Westen; Bd. 2; München ³2001; S. 305.
[137] Innenminister Merk auf der Pressekonferenz der politisch Verantwortlichen am 6.9.72 um 2.30 Uhr; online unter http://www.olympia72.de/pressekonferenz.htm; Stand vom 27.1.2006.
[138] Vgl. Vermerk des BMI ‚Maßnahmen seit dem 5. September 1972 zur Verhinderung weiterer Anschläge arabischer Terroristen'; k. w. A.; vmtl. um den 10.9.72 entstanden; BArch B 106 / 146540.

destens fünf Ministerressorts: Inneres[139] (Hans-Dietrich Genscher), Äußeres[140] (Walter Scheel), Verkehr[141] (Lauritz Lauritzen), Justiz (Gerhard Jahn) und Wirtschaft/Finanzen[142] (Helmut Schmidt). Auf Länderebene waren vor allem Bayern, Hessen und Hamburg betroffen.[143] Als dritte Ebene hatte die Stadt München die Ordnungshoheit über die Austragungsstätten.[144] Dieser Ordnungsaspekt erklärt, warum die Stadt in den Krisenstäben in erster Linie durch ihren Polizeipräsidenten Schreiber und nachrangig durch Oberbürgermeister Kronawitter vertreten war.

Allerdings muss bei der Betrachtung dieser föderalen Ebenen berücksichtigt werden, dass das politische System der Bundesrepublik als Verbundsföderalismus[145] konzipiert ist. Plastischer wird dies am Bildvergleich des Politologen Hartmut Klatt, der der weitläufigen Vorstellung der „Schichttorte" das realistischere Bild des „Marmorkuchens"[146] gegenüberstellt.[147] Eine „kaum noch überschaubare" Anzahl von „Bund-Länder- bzw. Ländergremien oder Konferenzen" erschwert die historische Analyse, zumal die dort getroffenen Beschlüsse häufig nicht rechtsverbindlich, trotzdem aber „handlungsleitend"[148]

---

[139] Die Abteilung Öffentliche Sicherheit ÖS, mit Olympia im Besonderen wurde Referat ÖS 1 betraut. Vgl. Rundschreiben an die Abteilungsleiter im BMI vom 26.08. 70; BArch B 106 / 78702.

[140] Hier war vor allem das Referat I B 4 (nach der Reorganisation Referat 310) mit dem Schwerpunkt Nordafrika / Arabien zuständig.

[141] Zuständig für die Flugsicherheit (Referat L 7). Am 15.12.72 wurde im Organisationserlass Nr. 15 des Bundeskanzlers die „Luftsicherheit im Sinne der polizeilichen Gefahrenabwehr" dem BMI übertragen. Vgl. BArch B 136 / 4665 und / 31218. Vgl. auch Hoffmann, Bundesministerien, S. 368; Erlass auf S. 117-120; Zitat auf S. 119.

[142] Für die Zollangelegenheiten war der Finanzbereich des Doppelministeriums (BMWF) zuständig.

[143] Vgl. die Protokolle der IMK in BArch B 106 / 39854.

[144] Kiel war davon natürlich ausgenommen.

[145] = „das Prinzip der Mitentscheidung der Länderregierungen im Bereich der Rechtssetzung des Bundes [ist] verfassungsrechtlich institutionalisiert." Plöhn, J. u. Steffani, W.: Bund und Länder in der Bundesrepublik Deutschland; in: Handbuch der deutschen Bundesländer; hg. v. J. Hartmann; Frankfurt am Main u. a. ²1994; S. 41.

[146] Zit. n. ebd.; Klatt stellt dem deutschen Verbundsföderalismus den US-amerikanischen Dualföderalismus gegenüber.

[147] Grundsätzlich zu „Verwaltungsföderalismus und Politikverflechtung" vgl. Hesse, J. u. Ellwein, T.: Das Regierungssystem der Bundesrepublik Deutschland; Bd. 1; Opladen ⁷1992; S. 86-90.

[148] Um nur die bekanntesten zu nennen: Die Konferenzen der Regierungschefs von Bund und Ländern, Fachministerkonferenzen, Bund-Länder-Ausschüsse und Planungsräte; Kropp, S.: Die Länder in der bundesstaatlichen Ordnung; in: Handbuch Politisches System der Bundesrepublik Deutschland; hg. v. O. Gabriel u. E. Holtmann; München u. a. 1997; S. 261 und 263.

waren. Aus pragmatischen Gründen muss sich die Analyse auf einige exponierte Gremien beschränken.

Eine Form des kooperativen Föderalismus[149] spiegelte sich am 5. September in der Besetzung des politischen Krisenstabs wider, der Vertreter von Bund, Ländern und der Stadt vereinte. Für den 29. Oktober 1972 belegen Telex-Mitschnitte zwischen München und Zagreb stetige, wenn auch fernmündliche und -schriftliche Konsultationen der Vertreter der verschiedenen betroffenen Ebenen.[150]

Schon im Vorfeld war klar, dass das Thema Olympia im Ernstfall einen Querschnitt durch die föderalen Ebenen erfordern würde. So wurde die Stadt München als Austragungsort der Olympischen Spiele per Landesgesetz aufgerufen, „Katastrophen vorzubeugen, sie abzuwehren und die hierfür erforderlichen Einsätze zu leisten"[151]. Zudem sollte „[d]er Polizeiführungsstab München […] im Falle eines Attentats […], insbesondere über das Bayer. Staatsministerium des Innern, eine totale Ausreisesperre aus[lösen]."[152] Eine hochrangige Vorfeldbesprechung zwischen BKAmt, BMI, BfV und der Polizei München ergab, dass „[d]ie Durchführung der Spiele […] zwar bei den Ländern Bayern und Schleswig-Holstein[153] [liege]. Der Bund könne jedoch nicht ganz abseits stehen, da der störungsfreie Ablauf der Spiele nicht nur im Interesse der Länder, sondern wegen ihrer weltweiten Publizität auch des Bundes liege."[154] Dies sicherte ein staatsrechtlich fragwürdiges Mitspracherecht der Bundesbehörden.

Allerdings waren auch diese auf einen Ernstfall über mehrere administrative Ebenen – ob horizontal oder vertikal – nur ungenügend vorbereitet. Es gab zwar Vorkehrungen für Krisensituationen, die allerdings nur sehr langsam voranschritten. Unter dem Stichwort „ständiger interministerieller Bereitschaftsdienst" wurde bereits 1967 auf Bitten des AA ein entsprechendes Gremium eingerichtet.[155] Diesem gehörten das BKAmt, BMI, BMWi und BMVg an. Ein Jahr später vermerkte das Referat II / 4 des BKAmt die baldige Errichtung eines interministeriellen Lagezentrums.[156] Im Rahmen eines Planspiels sollten Informationen über Funktionsfähigkeit gesammelt und aus-

---

[149] Für die politikwissenschaftliche Begriffsbestimmung vgl. ebd.; S. 260.
[150] Im Anhang beigefügt.
[151] Bayerisches Katastrophenschutzgesetz vom 31.7.1970; in: BArch B 185 / 2890.
[152] Schreiben Bayerisches Innenministerium an BMI vom 25.7.72; BArch B 106 / 78702.
[153] In Kiel fanden die Wassersportwettkämpfe (z. B. Segeln) statt.
[154] Ergebnisniederschrift des federführenden Referat ÖS 1 beim BMI über die Sitzung vom 23.2.71 im BMI; Zitat von BfV-Präsident Nollau, verlesen durch Regierungsdirektor Streicher; BArch B 106 / 78702.
[155] Vgl. BArch B 136 / 6209.
[156] Vgl. Vermerk des Referats II / 4 im BKAmt vom 10.10.68; BArch B 136 / 12976.

gewertet werden. Dies entsprach durchaus den Zeichen der Zeit und steht in der von Gabriele Metzler aufgezeigten „Überzeugung von der Notwendigkeit konzertierter, vorausschauender und planender Politik"[157] der Regierungen der 60er Jahre. Der „Eindruck einer weitgehenden Machbarkeit technokratischer Zukunftsgestaltung"[158] zog mit Willy Brandt ins Bundeskanzleramt ein. Es zirkulierten abstrakte Gutachten, „das Regierungs- und Verwaltungshandeln durch Planung auf eine höhere Rationalitätsstufe zu heben"[159]. Eckart Conze summiert: „Planung und Steuerung wurden zu Leitvokabeln"[160].

1969 wurde unter Außenminister Willy Brandt ein formales Konzept der „politischen Krisenvorsorge"[161] erarbeitet, das in Krisen- und Spannungsfall unterschied. Der hohe Involvierungsgrad des AA ist nicht verwunderlich, da viele Auslandsvertretungen bereits meist halboffizielle Notfallpläne zur Evakuierung, Informationskoordination und Aktenvernichtung besaßen. Am 12. Mai 1972 unterzeichnete Bundeskanzler Willy Brandt einen Erlass der Bundesregierung: „Für Krisensituationen bildet die Bundesregierung auf Abteilungsleiterebene einen interministeriellen Krisenstab beim Bundeskanzleramt."[162] Unterteilt wurde der Krisenfall in politisch-militärische Krise, innere Unruhen und Katastrophenfall. Je nach Fall sollte eine andere Besetzung von Ministerialbeamten zusammentreten. Interessant ist, dass terroristische Anschläge, trotz der durchaus schwierigen Situation Mitte 1972 nicht als Ereignis mit Krisenpotential eingestuft wurden. In den Akten ließ sich jedoch kein Hinweis darauf finden, ob dieser interministerielle Krisenstab am 5. September gemäß dieser Konzeption getagt hat.[163] Die Planungen und Ausarbeitungen für diesen Stab sind von vielen Folgeregierungen gelegentlich weitergetrieben worden. Davon abgesehen gab es allerdings bereits 1970 einen gemeinsamen Einsatzstab „Flugzeugentführungen" zwischen BMV und BMI, was wiederum mehr auf ad-hoc-Stäbe und -konsultationen je nach Ressortfall verweist, als auf die so viel beschworene Planung.[164] Genau dies zeigt auch die bereits er-

---

[157] Metzler, G.: Konzeptionen politischen Handelns von Adenauer bis Brandt. Politische Planung in der pluralistischen Gesellschaft; Paderborn u. a. 2005; S. 335.
[158] Willy Brandt nutzte z. B. auf breiter Ebene das „Begriffsarsenal der modernen Sozialwissenschaften" in seiner ersten Regierungserklärung. Beide Zitate in Görtemaker, M.: Geschichte der Bundesrepublik Deutschland. Von der Gründung bis zur Gegenwart; Frankfurt am Main 2004; S. 505.
[159] Gutachten vom 21.1.72 zum Kabinettsbeschluss für die Reform der Struktur von Bundesregierung und Bundesverwaltung vom September 1970; BArch B 136 / 4667.
[160] Conze, E.: Sicherheit als Kultur; in: VfZ 3 / 2005; S. 371.
[161] Außenminister Willy Brandt am 28.2.69; BArch B 136 / 6209.
[162] Erlass der Bundesregierung vom 12.5.72; BArch B 136 / 12976; auch in BArch B 106 / 305278.
[163] Vgl. Akten zum internministeriellen Krisenstab: BArch B 106 / 305278.
[164] Zu diesem ad-hoc-Stab vgl. BArch B 108 / 51940.

wähnte ressortübergreifende Vorfeldbesprechung zu Olympia vom 23. Februar 1972 im BMI.[165]

Auf horizontaler Länderebene spielte gerade in der Folgezeit die ‚Ständige Konferenz der Innenminister und -senatoren der Länder' eine wichtige Rolle.[166] Bundesinnenminister Genscher, der formal nur als Mitglied ohne Stimmrecht anwesend war, bezeichnete die IMK „[a]ls wirkungsvollstes Instrument für die Zusammenarbeit zwischen Bund und Ländern im Bereich der inneren Sicherheit"[167]. Auch wenn die IMK üblicherweise nur zwei Mal jährlich tagte, fand am 13. September 1972 eine außerordentliche IMK in Bonn statt, die sich fast ausschließlich dem Terrorismus widmete. Dies beweist eine erstaunliche Flexibilität dieser auf den ersten Blick etwas sperrigen Institution. Wichtige Maßnahmen wie die Wiedereinführung des Sichtvermerkzwangs für Bürger aller arabischer Staaten, Beobachtung und Verbot ausländischer Organisationen, Ausweisung und Abschiebung von ‚Arabern' sowie der Aufbau der GSG 9 wurden hier und auf der regulären IMK am 21. September erörtert und beschlossen.[168]

Ein großes Problem der IMK war und ist jedoch der systemimmanente innenpolitische Blickwinkel. Die Teilnahme von außenpolitischen Experten ist durch die Protokolle nicht belegt.[169] Dies mag unter anderem ein Grund dafür sein, dass außenpolitische Folgen der IMK-Beschlüsse gar nicht berücksichtigt wurden und die Verschärfung des Ausländerrechts im Ausland als „Pogrom-

---

[165] Ergebnisniederschrift des federführenden Referat ÖS 1 beim BMI über die Sitzung vom 23.2.71 im BMI; BArch B 106 / 78702.
[166] Die IMK wurde 1954 vorrangig als Konsultationsgremium über die Landesgrenzen hinweg geschaffen. Rechtlich gesehen kann sie ‚Vereinbarungen über die Selbstkoordination' und damit „Lücken des Grundgesetzes" (Kropp, Ordnung, S. 263) schließen, ebenso Verwaltungsabkommen und Staatsverträge. Die Beschlüsse sind der Einstimmigkeit unterworfen und gelten zwischen allen Bundesländern. Prominente Beispiele sind die Schaffung des ZDF oder der so genannte ‚Radikalenerlass' vom Januar 1972.
[167] Erklärung Genschers zu Fragen der Inneren Sicherheit vor dem Bundestag am 7.6.72; BArch B 106 / 56457.
[168] Der Sichtvermerkszwang für Tunesien, Marokko und Algerien war erst kurz zuvor aufgehoben worden. Vgl. die Protokolle der IMK vom 13.9. und 21.9.72 in Bonn / St. Augustin; BArch B 106 / 39854.
[169] Laut Art. 32 GG ist der Bund vorrangig für die Außenpolitik zuständig, wobei das AA üblicherweise keine Vertreter in die IMK entsendet. Im Lindauer Abkommen von 1957 wird den Ländern zwar eigene außenpolitische Kompetenz zugestanden, jedoch nur, wenn die entsprechenden Staatsverträge ausschließlich der Gesetzgebungskompetenz des Landes unterworfen sind. Häufig sind dies Kultur-, Wirtschafts- oder Hilfsabkommen. Dennoch sind alleine im Hinblick auf die Personalstärke die Defizite zu einer Behörde wie dem AA offensichtlich.

stimmung"[170] wahrgenommen wurde. Durch diese einseitige Betrachtung der Maßnahmen lief die Länderpolitik der Bundespolitik zuwider, die, wie noch näher erläutert werden wird, den außenpolitischen Schaden wieder auffangen musste. Für den Themenkomplex des Internationalen Terrorismus war die IMK also nur bedingt ein erfolgreiches politisches Instrument.

Die Frage nach Kompetenzen und eventuell versäumten Handlungspflichten[171] kam bald auch in der Öffentlichkeit auf. Das ZDF riss in einem Interview mit Bundesverteidigungsminister Leber die sich verändernde Rolle und Pflichten der Bundeswehr an, der es offenbar „gelang, sich bei den Olympischen Spielen neu zu profilieren"[172]. Einen Tag nach dem Anschlag wies er die durchaus realistische Frage nach einem Einsatz von „Experten der Bundeswehr, Scharfschützen mit grösserer Erfahrung", zumal auf einem Militärflugplatz, mit einer denkwürdigen Begründung zurück:

> Ein derartiger „Einsatz von Streitkräften [...] hätte den Polizeieinsatz möglicherweise erschwert [...], weil das gar nicht geübt und vorgesehen ist. [... Das] hätte schwierigste Rechtsfragen ausgelöst, hätte an den Kern der Rechtsordnung der Bundesrepublik gerührt, nämlich die Frage, ob in einem solchen Fall die Armee, die Streitkräfte zur Lösung innerer krimineller Fälle überhaupt eingesetzt werden können."[173]

Jedoch zeigt dieses Zitat auch, wie schwer der Anschlag von München an den Grundlagen der politischen Ordnung rüttelte und welche neuen Fragen zur Positionsbestimmung aufgeworfen wurden.

Diese Vielzahl von Gremien und Stäben summieren sich zu einer unübersichtlichen Zahl von Entscheidungsträgern, deren Kompetenzabgrenzung und Handlungspflichten oft nicht so klar definiert waren wie die verfassungsmäßig verankerte Rolle der Bundeswehr. Dass diese natürlich auch angelegte und entwickelte Verantwortungsdiversität im politischen System der Bundesrepublik besonders im schnelllebigen Bereich der Inneren Sicherheit Probleme mit sich brachte, gestand auch Bundesinnenminister Genscher indirekt ein. Nach der Serie von „Bombenanschläge[n] in sechs deutschen Städten" betonte er am 7. Juni 1972 im Bundestag die Wichtigkeit eines „kooperativen Föderalis-

---

[170] Vermerk VLR Redies an StS Frank vom 21.10.72; PA B 36 / 509.
[171] Zur theoretischen Problematik der Regierungsaufgaben vgl. Hübner, E.: Parlament und Regierung in der Bundesrepublik Deutschland; München ²2000; Kapitel 3.
[172] Bericht der Landespolizeidirektion Oberbayern an das Bayerische Innenministerium vom 9.1.73; BHStA MInn / 88581. Die Bundeswehr hatte außerhalb ihrer verfassungsmäßigen Kernaufgaben des ‚Dienstes an der Waffe' große logistische Unterstützung der Spiele geleistet, die bei der Bevölkerung sehr positiv aufgenommen wurde.
[173] ZDF-Interview mit Bundesverteidigungsminister Georg Leber im Olympia-Studio am 6.9.72 um 13.15 Uhr; Transkription des BPA; in PA B 36 / 507.

mus", um „Reibungsverluste zu vermeiden."¹⁷⁴ In einem Interview antwortete er auf die Frage, ob „der Föderalismus in dieser Sache ein Problem gewesen sei" sich fast selbst widersprechend:

> „Aber wir haben nun einmal die Polizeihoheit der Länder, und nichts wäre falscher gewesen, als wenn mehrere Köche in diesem Brei gerührt hätten. Die grundsätzlichen Anweisungen für den Einsatz gab der Innenminister. Die rein polizeitaktische Durchführung war auch nicht Aufgabe des bayerischen Innenministers, sondern nach den von ihm gegebenen Richtlinien war das dann Aufgabe der zuständigen Polizeibehörden, die unter dem Einsatzbefehl von Polizeipräsident Schreiber standen."¹⁷⁵

Dennoch spielte Genscher – für jedermann sichtbar – eine nicht wegzudiskutierende Rolle im Verlauf der Anschläge, obwohl er streng genommen als Bundesminister gar keine Zuständigkeit besessen hatte. Regierungssprecher Ahlers musste daher wahre rhetorische Spagate vollbringen, um diese Sachlage zu legitimieren: Obwohl Genscher „keineswegs direkt zuständig gewesen sei", habe jedoch eine „moralische" Verantwortung bestanden.¹⁷⁶
In der offiziellen Dokumentation der Bundesregierung und des Freistaats Bayern zu den Ereignissen vom 5. September 1972 ist von Kompetenzproblemen auch nichts zu lesen. Sie spiegelt höchstes Einvernehmen zwischen Bund und Ländern wider. Der Bayerische Innenminister Merk sah sich dennoch vor dem Innenausschuss des Bundestags veranlasst, dazu Stellung nehmen, ob „es an dem engen Kompetenzdenken bayerischer Behörden gelegen habe, daß das Bundeskriminalamt nicht eingeschaltet worden sei". Merk dementierte damit, dass das BKA „von seiner Ausstattung und seiner Aufgabenstellung her gar nicht in der Lage [gewesen sei], einen Einsatz wie er in München und Fürstenfeldbruck durchzuführen war, zu leiten."¹⁷⁷ Zweifel an dieser Begründung sind angebracht, auch wenn sich diese Argumentation nach über 30 Jahren nicht mehr stichhaltig entkräften lässt. Der Innenausschuss kam schließlich zu dem Schluss, dass „es zu keinem Zeitpunkt zu Kompetenzschwierigkeiten gekommen"¹⁷⁸ sei.
Sich aus historischer Perspektive diesem verlockenden Urteil anzuschließen, wäre oberflächlich – vom Rahmen auf das Gemälde zu schließen, ist nicht nur

---

¹⁷⁴ Erklärung Genschers zu Fragen der Inneren Sicherheit vor dem Bundestag am 7.6.72; B 106 / 56457.
¹⁷⁵ Interview WDR II in der Sendung „Guten Morgen" mit BM Genscher; vmtl. zwischen 7. und 10.9.72; BArch B 106 / 146543.
¹⁷⁶ ZDF-Interview mit Pressesprecher Conrad Ahlers am 6.9.72 um 19.45 Uhr; Transkription des BPA; in PA B 36 / 507.
¹⁷⁷ Merk vor dem Innenausschuss des Bundestags am 18.9.72; Protokoll in PA B 36 / 501.
¹⁷⁸ Gemeinsame Entschließung des Innenausschusses des Bundestags am 18.9.72; in PA B 36 / 501.

für Kunstkenner unzulässig. Natürlich ist nicht das föderale System der Bundesrepublik, sondern die menschlichen Akteure – innerhalb ihres gesetzlichen Rahmens – für die politischen Inhalte und Maßnahmen in einer Ausnahmesituation verantwortlich. Während auf horizontaler Ebene die Kompetenzen relativ klar gegliedert waren, begegnet man auf vertikaler Ebene häufig dem rechtlich ungeregelten ad-hoc-Prinzip. Dies war einerseits mangelnder Voraussicht und Regelung eines nicht-militärischen Krisenfalles geschuldet, andererseits aber auch der Ressortvielschichtigkeit, die der Internationale Terrorismus berührt. So war beispielsweise die Innere Sicherheit sowohl Länder- als auch Bundeskompetenz, die sich allerdings nur unzureichend mit der vorrangigen Außenkompetenz des Bundes vereinbaren ließ.[179] Dieses strukturelle Problem muss durchaus als hemmend bewertet werden, andererseits bot diese diffuse Situation auch breiten Raum für politische Gestaltung, die entsprechende Flexibilität vorausgesetzt. Das grundlegende Problem der Reaktion auf die Ereignisse von München und Zagreb war also in erster Linie kein rechtliches, sondern ein politisches.

II.2.2 *Erzwungene Zusammenarbeit*

Der Handlungsdruck der Krisenstäbe bot weder Zeit für verfassungsrechtliche Diskussionen noch politische Eitelkeiten. So erinnert sich Hans-Dietrich Genscher: „Das Gefühl gemeinsamer Verantwortung ließ alle politische und persönliche Gegnerschaft vergessen."[180] Allerdings währte dieser Konsens unter Druck nicht lange. Nicht nur die Inhalte, sondern auch die Umsetzung der eingeleiteten innen- und außenpolitischen Maßnahmen erforderte Kooperation und Flexibilität über Wochen. Im AA wurden, „[u]m ein Optimum an Koordinierung […] zu erreichen"[181], so genannte Interabteilungsausschüsse eingerichtet, die regional gegliedert waren.
Dass dabei durchaus Grenzen auch innerhalb der Regierung erreicht wurden, illustriert unter anderem ein unverhohlen scharf formulierter Brief von Bundesinnenminister Genscher an Parteikollege und Außenminister Scheel, der

---

[179] Noch komplizierter wird es in Fragen der Finanzierung, die hier aber aus Platzgründen nicht erörtert werden sollen.
[180] Genscher, Erinnerungen, S. 158.
[181] Rundschreiben vom 13.10.72; PA Zwischenarchiv / 100726. Zur Zeit der Ereignisse von München wurde die Zentrale des AA grundlegend mit Wirkung vom 1.10.72 reorganisiert. Mit einher ging die Errichtung von Interabteilungsausschüssen für Lateinamerika, Afrika, Naher Osten und Asien. Ein direkter Zusammenhang zu den Anschlägen ist nicht feststellbar, jedoch zeigen sowohl diese Ausschüsse als auch die Reorganistion, dass offenbar Koordinationsdefizite bestanden und diesen begegnet werden musste. Vgl. Ergebnisniederschrift der ersten Interabteilungssitzung Nahost vom 23.10.72; ebd.

sein „Befremden über eine Intervention" des Außenministeriums bei Abschiebungen zum Ausdruck bringt:

> „Zugleich hat [...der Innenminister des Landes Nordrhein-Westfalen] mich gebeten, mich bei Ihnen dafür einzusetzen, daß das Auswärtige Amt künftig bei ähnlichen Anlässen zunächst mit meinem Haus [dem Bundesinnenministerium] Fühlung aufnimmt. [...] Ich möchte [...] betonen, daß ich durchaus die Schwierigkeiten sehe, die sich aus den verschärften Sicherheitsmaßnahmen gegen arabische Staatsangehörige für die außenpolitischen Beziehungen unseres Landes zu den arabischen Staaten ergeben. Diese Schwierigkeiten können jedoch nicht dazu führen, daß Ihr Haus auf ausländerrechtliche Maßnahmen der Innenverwaltungen der Länder unmittelbar Einfluß zu nehmen versucht."[182]

Doch nicht nur auf Bundes- und Ministerebene herrschte Kompetenzgerangel. Der Ablauf einer der von Minister Genscher angeführten Interventionen des Auswärtigen Amts wurde von VLR Redies in einem internen Bericht an Staatssekretär Frank überliefert:

> „Das [...] mit Herrn Gemmer[183] geführte Gespräch gestaltete sich etwas schwierig, da dieser sich zunächst des längeren in Beschimpfungen der Palästinenser erging, die er ausschließlich als ‚Dreckskerle' und ‚Halunken' bezeichnete, deretwegen er am Vortage um 3.00 Uhr morgens habe aufstehen müssen. Herr Gemmer gab auch seiner deutlichen Mißbilligung jeglicher Intervention des Auswärtigen Amtes Ausdruck, räumte jedoch schließlich ein, daß der algerischen Botschaft das Recht, zu Frangieh[184] Kontakt aufzunehmen, nicht abgesprochen werden könne."[185]

Eine Vielzahl von Schriftstücken dokumentiert das Gerangel zwischen AA und BMI im Zusammenhang mit der in Arabien wahrgenommenen „einsetzenden Ausweisungswelle" von deutscher Seite und der „unhöfliche[n] Behandlung arabischer Staatsangehöriger durch die deutschen Grenzstellen"[186]. Anlässlich andauernder „Nacht- und Nebelaktionen"[187] der Landesbehörden schrieb Scheel: „Wir sollten über BMI nochmals um vernünftige Durchführung bitten."[188] Als schließlich sogar die deutsche Industrie zunehmend „be-

---

[182] Beide Zitate in einem Brief Genscher an Scheel vom 16. Oktober; PA B 36 / 512.
[183] Herr Gemmer war Ministerialdirigent im Hessischen Innenministerium.
[184] Algerischer Chefredakteur des radikalen „Resistentia-Schriften"-Verlags in Frankfurt am Main, dessen überstürzte Festnahme und drohende Abschiebung für großen politischen und medialen Unmut in der arabischen Welt gesorgt hatte. In leitender Verantwortlichkeit war damals StS Helmut Kohl im hessischen Innenministerium. Zur Demarche des algerischen Botschafters bei StS von Braun (AA) vgl. PA B 36 / 509.
[185] Bericht VLR Redies (Ref. I B 4) an StS Frank vom 2.10.72; PA B 36 / 509.
[186] Aufzeichnung VLR Redies (Ref. I B 4) über ägyptische Demarchen vom 23.9.72 zur Vorlage beim Minister und den Staatssekretären; PA B 1 / 509.
[187] Undatierter Sachstand und Redeelemente von Referat I B 4 für Minister Scheel; zwischen Dokumenten vom 16. und 29.10.72 eingeordnet, wobei die Referatsbezeichnung vmtl. auch nach der Reorganisation weitergeführt wurde; PA B 1 / 509.
[188] Ebd.; Handschriftliche Randnotiz BM Scheel.

unruhigt" wurde, da „erhebliche Investitionen und Exportaufträge [... nach Arabien] auf dem Spiele" stünden, warnte VLR Redies StS Frank: „Hauptursache ist die Art und Weise der Durchführung dieser Maßnahmen, die den Eindruck haben entstehen lassen, es herrsche bei uns eine Pogromstimmung."[189] Frank strengte daraufhin offenbar vergeblich Kontakte zum BMI an und notierte resigniert: „Leider ist das BMI immer noch sehr negativ. Heute hat BM Genscher selbst eine beruhigende Erklärung durch StS Ahlers, wie von uns entworfen war, abgelehnt."[190] Überhaupt schien Genscher wenig vom Sachverstand des AA überzeugt zu sein. Als das Referat Öffentliche Sicherheit (ÖS) im BMI nach einer Drohung gegen verschiedene Botschaften bei Genscher anfragte, ob man eine Reaktion des AA abwarten müsse, notierte Genscher lapidar: „hat das AA dafür Sachkunde? m. E.: nein"[191]. Umgekehrt machte sich das AA intern über Gespräche mit dem BMI lustig, wo man sich über den Ort einer europäischen Konferenz zur Inneren Sicherheit nicht klar war: „Ich wies darauf hin, [...] daß bei den Gemeinschaften die Belgier zur Zeit den Vorsitz innehätten. Eine Konferenz [...] wäre deshalb zweckmäßigerweise in Brüssel abzuhalten. Herrn Merk schien dies einzuleuchten."[192]

Der politische Spielraum, den die ungewöhnliche Situation nach dem Anschlag von München freigegeben hatte, drohte in politischer Eitelkeit und behördlicher Gewohnheit zu ersticken. Eine Schlüsselrolle angesichts dieser Monate andauernden und sachlich verheerenden Kompetenzreibereien kam dem „wandelnden Vermittlungsausschuss"[193] der Bundesrepublik zu: dem Bundeskanzler.

II.2.3 Der Bundeskanzler: Brandt der „Heilige"?

Im Hinblick auf die Ressortfragen darf eine Betrachtung des Zentrums der Exekutive, dem Amt des Bundeskanzlers, nicht fehlen. Inwieweit nutzte der seit 1969 amtierende Bundeskanzler Willy Brandt seine Kompetenzen, um die entstandenen Ressortschwierigkeiten zu glätten?

---

[189] Vermerk VLR Redies an StS Frank vom 21.10.72; PA B 36 / 509.
[190] Handschriftliche Notiz von StS Frank an Vermerk VLR Redies an StS Frank vom 21.10.72; PA B 36 / 509.
[191] Handschriftliche Notiz von BM Genscher an Schreiben von Referat ÖS vom 22.9.72; B 106 / 146541.
[192] Vermerk Ref. 200 vom 11.1.72; PA Zwischenarchiv / 116192.
[193] Die Herkunft dieses Zitats über Bundeskanzler K. G. Kiesinger ist umstritten, wird aber häufig Conrad Ahlers zugeordnet. Vgl. Sturm, D.: Wandelnder Vermittlungsausschuß. Kiesinger machte von seiner Richtlinienkompetenz selten Gebrauch; in Die Welt; 12.10.2005.

Über eine in der deutschen Geschichte so herausragende aber auch umstrittene Politikerfigur wie Willy Brandt ein Urteil zu bilden, ist schwer.[194] Auch 13 Jahre nach seinem Tod muss seine politische Leistung und Vielfalt – alleine als Bundeskanzler – erstaunen: Mit seiner ‚Neuen Ostpolitik', für die ihm 1971 der Friedensnobelpreis verliehen wurde, gilt er vielen als Wegbereiter für die deutsche Wiedervereinigung. Mit seinem Kniefall 1970 in Warschau trug er mit international hoher Symbolkraft zur öffentlichen Vergangenheitsbewältigung bei. Als erster sozialdemokratischer und bis dahin jüngster Bundeskanzler nach Jahrzehnten CDU-geführter Regierungen avancierte er zur Kultfigur einer politisch hochmotivierten Jugend. Bei der Bundestagswahl 1969 gingen 91,1%, im Jahr 1972 90,7% der Wähler/innen an die Urnen – die bis heute höchsten Wahlbeteiligungen bei Bundestagswahlen. Zudem errang er 1972 das bislang beste Wahlergebnis für die SPD von 45,8% der Stimmen. Nicht zuletzt dank seiner getragene Rhetorik („die erhabene Monotonie der Gregorianik") wurde er von linksliberalen Medien zum entrückten Visionär stilisiert, seine häufige Betonung von ‚compassion' und die damit einhergehende „moralische Überhöhung des Kanzlers" ließen ihn für manche gar „als Heilige[n]"[195] erscheinen.[196] Sogar Franz-Josef Strauß, nicht gerade als Brandt-Jünger bekannt, unterstrich den öffentlichen Eindruck der „lichtstrahlende[n], mythologische[n] Heldenfigur Willy Brandt"[197]. Für Persönlichkeiten wie Günter Grass, die auf baldige Umsetzung des „großangelegte[n] Reformprogramm[s]"[198] drängten, wirkte dies jedoch schon bald „statuarisch"[199]. Angesichts dieser viele Seiten fortsetzbaren, abstrakten Liste politischer Erfolge und Verdienste zeichnet sich ein starker Kontrast, wenn man anhand der Akten und Brandts Nachlasses die grelle Aura des Erfolgs ausblendet und der Regierungschef hinter den Kulissen sichtbar wird.

Formell ist das Amt des Bundeskanzlers als personelles und inhaltliches Zentrum der Exekutive angelegt. Jedoch bietet der Artikel 65 des Grundgesetzes

---

[194] Einen Überblick über das Leben von Willy Brandt liefert die Biographie von Merseburger, P.: Willy Brandt 1913-1992. Visionär und Realist; Stuttgart 2002.
[195] Zum Personenkult vor allem im Bundestagswahlkampf 1972 vgl. Jäger, W.: Die Innenpolitik der sozial-liberalen Koalition 1969-1974; in: Republik im Wandel. 1969-1974. Die Ära Brandt; hg. v. K. D. Bracher u. a.; Stuttgart 1986; S. 86 f.. Alle vorhergehenden Zitate auf S. 87.
[196] Auch einige zeitnahe Biographien wie z. B. die des britischen Publizisten Terence Prittie tragen zuweilen hagiographische Züge. Vgl. Prittie, T.: Willy Brandt. Biographie; Frankfurt am Main 1973.
[197] Strauß, Erinnerungen, S. 496.
[198] Stern, C.: Willy Brandt; Reinbek ⁶1998; S. 124.
[199] Günter Grass in der Fernsehsendung ‚Panorama' am 28.11.73; abgedruckt im SPD-Organ ‚Vorwärts' des Folgetages.

dafür Gestaltungsspielraum, den jeder Regierungschef graduell anders auszulegen verstand:

> „Der Bundeskanzler bestimmt die Richtlinien der Politik und trägt dafür die Verantwortung. Innerhalb dieser Richtlinien leitet jeder Bundesminister seinen Geschäftbereich selbständig und unter eigener Verantwortung."[200]

Es ist kein Geheimnis, dass Bundeskanzler Willy Brandt das Ressortprinzip auf seine eigene Weise ausgelegt und seinen Ministern großen Freiraum geboten hat; der Spiegel sprach gelegentlich vom „lange[n] Zügel"[201]. Zwar schreibt der enge Vertraute und Kanzleramtschef Horst Ehmke in seinen Memoiren: „Willy Brandt war ein Chef von so großer Autorität, daß er es sich leisten konnte, seine Mitarbeiter selbständig arbeiten zu lassen."[202] Jedoch führte diese Maxime angesichts umtriebiger politischer Schwergewichte wie Helmut Schmidt, Herbert Wehner, Egon Bahr und einigen anderen alleine im direkten sozialdemokratischen Umfeld Brandts häufig in ungeklärte Situationen und Machtproben. Ehmke charakterisiert, Brandt habe die „Neigung [gehabt], schwierige Entscheidungen möglichst lange vor sich herzuschieben oder ihnen gar auszuweichen. [...] [E]r hatte eine Abneigung gegen ‚Machtworte'"[203]. Seine Biographin Carola Stern attestiert ihm „Führungsschwäche"[204]. Der populäre Bundesfinanzminister Alex Möller gab nicht zuletzt wegen der „Entschlußlosigkeit und persönliche[r] Zerwürfnisse"[205] im Kabinett am 13. Mai 1971 sein Amt auf. Im Juli 1972 folgte der ‚Superminister' Karl Schiller.[206] Der Staatssekretär im Bundeskanzleramt Egon Bahr[207] schrieb in einem persönlichen Brief zu diesen Zuständen: „Lieber Willy, die Regierung ist eine

---

[200] Art. 65, Grundgesetz für die Bundesrepublik Deutschland.
[201] Spiegel-Gespräch mit BK Brandt vom 25.9.72; erschienen in Heft 40 / 1972; zit. n.: Willy Brandt. Die SPIEGEL-Gespräche 1959-1992; hg. v. E. Böhme u. a.; Stuttgart 1993; S. 247.
[202] Ehmke, H.: Mittendrin. Von der Großen Koalition zur Deutschen Einheit; Berlin 1994; S. 201.
[203] Ehmke, Mittendrin, S. 202.
[204] Stern, C.: Willy Brandt; Reinbek ^{6}1998; S. 115. Auch H. A. Winkler verwendet im Zusammenhang mit den Fluglotsenstreiks 1973/74 dieses Wort und spricht von einem sukzessiven „Autoritätsverfall". Winkler, Weg, S. 320 f.
[205] Spiegel-Gespräch mit BK Brandt vom 25.9.72; erschienen in Heft 40 / 1972; zit. n.: SPIEGEL-Gespräche; S. 246.
[206] Bundeswirtschaftsminister Karl Schiller hatte nach dem Rücktritt Alex Möllers auch das Bundesfinanzministerium übernommen. Sein Nachfolger wurde Helmut Schmidt. Vgl. auch Schmidt, H.: Weggefährten. Erinnerungen und Reflexionen; Berlin 1996; S. 432 (Möller) und S. 403 (Schiller).
[207] Staatssekretär von 1969 bis 1972; Bahr gilt als maßgeblicher „Architekt der ‚neuen Ostpolitik'". Vgl. Görtemaker, Bundesrepublik, S. 525. Zu diesem Themenkomplex und der immer wieder hervorscheinenden Rolle Egon Bahrs vgl. ebd. S. 525-562.

lahme Ente und je länger sie es ist, um so unansehnlicher wird sie."[208] Überhaupt spiegelt die Korrespondenz Willy Brandts mit seinen politisch Vertrauten eine häufige Aufforderung zur stärkeren Personalführung wider. Der selber nicht immer unproblematische[209] Pressesprecher und Staatssekretär im BPA, Conrad (Conny) Ahlers, forderte: „Man sollte von Zeit zu Zeit erkennen lassen, wer der Herr im Hause ist."[210] Kanzleramtschef Ehmke will sich sogar daran erinnern, den von wiederkehrenden Depressionen gelähmten Brandt mit den Worten „Willy, aufstehen, wir müssen regieren"[211] wenigstens zu den notwendigsten Unterschriften gedrängt zu haben. Auch Alkohol- und Nikotinentzug spielten hier wohl eine Rolle.[212]

Obwohl das Kanzleramt unter Horst Ehmke zu „einem Ort der Bündelung und Koordinierung der Regierungspolitik ausgebaut werden"[213] sollte, lassen die Quellen im Bezug auf die Anschlagsthematik nur wenig davon erkennen. US-Präsident Nixon charakterisierte die Haltung des Kanzlers als „dignity"[214], die jedoch auf die Politik nach den Anschlägen wenig konkrete Auswirkungen hatte. Die Akten von und zu Bundeskanzler Willy Brandt offenbaren eine nur marginale Beschäftigung seinerseits mit der Thematik der Anschläge. Nur während der akuten Ereignisse äußerte sich Brandt in den Medien[215], ansons-

---

[208] Brief Egon Bahr an Willy Brandt vom 2.8.72; Hervorhebung von Brandt übernommen; WBA / BK 2, 42.
[209] Gerade im Hinblick auf Conrad Ahlers muss man Brandt Führungsschwäche vorwerfen. Schon 1970 beschwerte sich Helmut Schmidt bei Brandt: „Die vorzeitige Bekanntgabe der westl. Gipfelkonferenzidee bedaure ich – Conny muß endlich stärker an deine Leine." Handschriftlicher Brief vom 13.8.70; Hervorhebung übernommen; WBA / BK 170, 2; Als Ahlers 1972 über das BPA sogar vertrauliche Dinge veröffentlichte, beklagt sich Brandt demgegenüber resigniert, „daß man von eigenen Mitarbeitern ausgeliefert wird. Dies ist eine der betrüblichsten Erfahrungen meines politischen Lebens." Handschriftlicher Brief Brandt an Ahlers vom 29.9.72; WBA / BK 144, 9.
[210] Brief Conrad Ahlers an Willy Brandt vom 17.11.72; WBA / BK 1, 54.
[211] Ehmke, Mittendrin, S. 203.
[212] Offenbar hatte dies Brandt selber in einem Brief an seinen engen Vertrauten und Chef-Redenschreiber Klaus Harpprecht erwähnt. Harpprecht antwortete darauf: „Mir ging Deine Bemerkung über die Depressionen im Februar durch den Kopf. […] Der Verzicht aufs Rauchen ist schwerer [als auf Alkohol]. Auch er wird noch eine Weile an Deinen Nerven zerren." Brief Harpprecht an Brandt vom 10.3.73; WBA / BK 9, 197.
[213] Görtemaker, Bundesrepublik, S. 516.
[214] Der US-amerikanische Präsident Richard Nixon fügte dem offiziellen Kondolenzschreiben handschriftlich hinzu: „I admired the dignity with which you handled the tragic events in Munich." WBA / BK 60, 137.
[215] ARD und ZDF strahlten am Abend des 5. Septembers eine Fernsehansprache des Bundeskanzlers aus. Der Wortlaut in BA 7; Dokument Nr. 73; S. 348-350. Vgl. Ansprache Willy Brandts an die deutsche Bevölkerung am Abend des 5.9.72; Tondokument; online unter http://www.olympia72.de/050972-brandt.mp3; Stand vom 27.1.2006.

ten überließ er das Thema weitgehend seinem Innenminister Genscher. Auch in das außenpolitische Desaster mit Israel und der arabischen Welt griff der ehemalige Außenminister nur minimal ein, wobei er meistens direkten Aufforderungen aus dem Auswärtigen Amt folgte.[216]
Brandt, der zur Zeit der Olympischen Spiele am Starnberger See in Feldafing bei München residierte und dort auch ausländische Würdenträger empfing[217], rief als eine der ersten Reaktionen auf das Attentat Kanzleramtschef Ehmke aus dem Urlaub nach Bonn zurück, der von dort aus die Fäden in der Hand halten sollte.[218] Einige Wochen später teilte Brandt seinem Außenminister Scheel, auf Initiative von Innenminister Genscher seine Planungen für einen ad-hoc-Stab im Kanzleramt mit:

> „[W]ir müssen damit rechnen, daß in den nächsten Wochen bestimmte kritische Situationen eintreten können, die schneller Entscheidungen bedürfen. Ich halte es im Einvernehmen mit Herrn Kollegen Genscher für richtig, daß in einem solchen Fall ein ad-hoc-Stab bei mir im Bundeskanzleramt zusammentritt. Ich bitte Sie, zusammen mit den Herren Kollegen Genscher, Jahn, Schmidt, Leber, Lauritzen und Ehmke diesem Stab anzugehören. Ich werde im gegebenen Fall den Stab im Einvernehmen mit Herrn Kollegen Genscher einberufen."[219]

Ansonsten schweigen sich die Quellen über eine weitere aktive Beschäftigung Brandts mit den längerfristigen Reaktionen auf die Ereignisse von München und Zagreb aus.
Sicher muss berücksichtigt werden, dass Brandt zu dieser Zeit den Höhepunkt des Wahlkampfs um die Bundestagswahl im November 1972 bestritt. Mit einem enormem, durch die extreme personelle Polarisierung des Wahlkampfes[220] erzwungenen persönlichen Einsatz[221] gelang es Brandt, eine erneute, deutliche Mehrheit für seine Regierungskoalition zu erringen. Der Bundestag

---

[216] Darauf wird in Kapitel I.d. genauer einzugehen sein.
[217] Z. B. empfing er den irischen MP Jack Lynch; vgl. AAPD 1972 / II; Dokument 260; Ebenso den österreichischen Bundespräsidenten Jonas, Präsident Pompidou sowie den US-Präsidentenberater Henry Kissinger. Vgl. Bericht der Landespolizeidirektion Oberbayern über die Sicherung der Kanzlerresidenz in Feldafing vom 14.9.72; BHStA / MInn 88579.
[218] Vgl. Ehmke, Mittendrin, S. 185.
[219] Brief Brandt an Scheel vom 28.9.72; WBA / BK 40, 39.
[220] Vgl. Jäger, Innenpolitik, S. 86-91. Sehr gut beschrieben werden diese Polarisierungen der politischen Lager in Günter Grass' „Aus dem Tagebuch einer Schnecke", das im Sommer 1972 erstmals erschien. Grass, G.: Aus dem Tagebuch einer Schnecke; Darmstadt 1972. Vgl. auch Stern, Brandt, S. 108-110.
[221] Der Wahlkampf und die „dreijährige, ununterbrochene Anspannung aller Kräfte" gingen massiv zu Lasten seiner Gesundheit und resultierte in ärztlichem Sprechverbot, so dass Brandt nur sehr eingeschränkt an den Koalitionsverhandlungen teilnehmen konnte. Vgl. z. B. Baring, Machtwechsel, S. 509-515; Zitat auf S. 509.

war nach der ‚unechten Vertrauensfrage' durch Brandt am 20. September 1972 aufgelöst worden. Die faktische Anerkennung der Oder-Neiße-Grenze im Warschauer Vertrag von 1970 verstieß nach Ansicht einiger Abgeordneter gegen das Wiedervereinigungsgebot im Grundgesetz. Seitdem hatten mehrere Abgeordnete von SPD und FDP die Fraktion gewechselt. Ein gescheitertes, konstruktives Misstrauensvotum am 27. April 1972, das die Wahl Rainer Barzels (CDU) zum Bundeskanzler vorsah, verstärkte den politischen Druck auf Brandt. Inhaltlich wurde die Bundestagswahl somit in erster Linie ein „Plebiszit für Brandt und die Ostpolitik"[222] der sozial-liberalen Regierung.

Das Amt des Bundeskanzlers hätte es möglich gemacht, den Internationalen Terrorismus auf die nationale und internationale politische Agenda zu setzen. Jedoch brachte Brandt die Thematik der Anschläge – soweit nachvollziehbar – weder in Korrespondenzen mit wichtigen europäischen Nachbarn wie z. B. dem französischen Präsidenten Pompidou oder dem britischen Premier Heath ein. Ebenso bietet der Schriftverkehr mit den EG-Repräsentanten keinerlei Hinweise auf eine aktive Rolle Brandts in dieser Sache.[223] Auch auf nationaler oder privater Ebene ging Brandt nicht auf die durchaus regen Aufforderungen, sich zu dem Thema zu äußern, ein.[224]

Allen voran drängte der spätere Literaturnobelpreisträger und SPD-Wahlkämpfer Günter Grass, der vom „Scherbengericht" sprach: „Was mühsam [...] an neuem Ansehen und Vertrauen aufgebaut worden ist, wurde durch den Münchner Terroranschlag lädiert: im In- und Ausland drohen die alten Ressentiments wieder aufzubrechen." Auch innenpolitisch benannte Grass die „,Führungsschwäche' des Kanzlers" und forderte: „Dem muß begegnet werden." Er empfahl Brandt, dem „Gefühl der Scham und der Ohnmacht, auch der Ungerechtigkeit („daß ausgerechnet uns das wieder passieren mußte"), [...] sobald wie möglich Worte [zu] geben"[225]. Ganz pragmatisch lieferte Grass umfassende Textbausteine für eine eventuelle Ansprache gleich dazu. Auch Brandts Chef-Redenschreiber Klaus Harpprecht formulierte dem Bun-

---

[222] Jäger, Innenpolitik, S. 86.
[223] Die vorrangigen Themen sind hier die rasante Inflation vieler Währungen, damit zusammenhängend die Reform des sich im Untergang befindenden Weltwährungssystem von Bretton Woods, Sozialstandards, Regionalpolitik und Umweltfragen; vgl. v. a. WBA / BK 50 bis 52.
[224] Auch seine handschriftlichen Notizen (WBA / BK 93) geben keinen einzigen Hinweis auf die Ereignisse von München oder Zagreb. Dominierende Themen im relevanten Zeitraum sind: Wahlkampf, Gipfeltreffen, Nixon, Benzinpreise und Währungspolitik.
[225] Brief Grass an Brandt vom 7.9.72; WBA / BK 6, 212 f.

deskanzler als Einleitung für eine eventuelle Fernsehansprache: „man erwartet vom kanzler der bundesrepublik deutschland ein wort der klaerung."[226] Insgesamt muss konstatiert werden, dass die Rolle von Bundeskanzler Brandt im Zusammenhang mit den Ereignissen von München und Zagreb überraschend marginal, in jedem Fall aber passiv und reaktiv war. Weder inhaltlich noch in Kompetenzfragen nutzte er das zentrale Amt des Bundeskanzlers, um die Thematik der Anschläge politisch voranzutreiben.

Die Untersuchung der Kompetenzverteilungen zum Zeitpunkt der Anschläge von München und Zagreb offenbart ein Bild der Zerrissenheit. Die theoretische Rechtslage war diffus, bot andererseits bei einem unzureichenden politischen Instrumentarium aber auch Raum für politische Initiative. Die erzwungene Zusammenarbeit verschiedenster Ressorts nach den Anschlägen zeigte jedoch ein grundsätzliches Misstrauen der Behörden untereinander; Kompetenzstreitigkeiten führten zu sachlicher Unabgestimmtheit und Folgefehlern. Auch auf personeller Spitzenebene war wenig Wille zur Kooperation festzustellen, was den Erfolg der eingeleiteten Maßnahmen nicht förderte. Der in diesen Fällen verantwortliche Bundeskanzler war einerseits als Person nicht gewillt, eine stärkere Personalführung zu zeigen und verhielt sich grundsätzlich passiv und reaktiv. Andererseits würdigte er auch inhaltlich das Thema Internationaler Terrorismus, unter anderem bedingt durch den Wahlkampf 1972, nicht in dem Maße, wie er es anderen, längerfristigen Themen zumaß. Dieses weitgehend ungeleitete ad-hoc-System innerhalb der politischen Führung prägte auch die Inhalte und Umsetzung der politischen Maßnahmen nach den Anschlägen.

II.3 Innere Sicherheit: Politik im Handlungszwang

Der Handlungszwang der Regierung Brandt-Scheel drückt sich auch in den innenpolitischen Reaktionen auf den Anschlag von München aus. Von der nationalen wie auch der internationalen Öffentlichkeit aufmerksam beobachtet[227], musste schnell gehandelt werden, ohne dem Vorwurf des blinden Aktionismus Raum zu bieten.

---

[226] Telex aus dem BKAmt an den persönlichen Referenten Brandts, Schilling, in Feldafing bei München vom 8.9.72 mit der von Harpprecht formulierten Rede für das ausländische Fernsehen; WBA / BK 9, 1-6. Ob die Rede tatsächlich gehalten worden ist, ist nicht restlos zu klären.
[227] Die Trennung zwischen Innen- und Außenpolitik ist methodisch notwendig, bringt aber in Einzelfällen wegen der gegenseitigen Rückwirkungen Probleme mit sich. In diesen Fällen müssen die Auswirkungen hier angedeutet werden, um den Fortgang der innenpolitischen Maßnahmen verständlich zu machen. Die genaue Analyse der Reaktionen findet dann im

Dass politischer Handlungsbedarf und auch -zwang bestand, war vor allem den leitenden Beamten im BMI bewusst. So tagte schon am 6. September 1972 eine interministerielle Ressortbesprechung unter Leitung von Staatssekretär Rutschke[228] im Lagezentrum des BMI mit dem „Ziel, die aus Anlaß der Münchener Terrorakte erforderlichen mittelfristigen Maßnahmen der Bundesregierung zur Abwehr und Verhütung weiterer terroristischer Anschläge palästinensischer Organisationen vorzubereiten."[229] Nach „eingehender Erörterung der Rechtslage" wurden schließlich mehrere Konsenslinien ausgemacht. Auf sechs Punkte einigte sich schließlich das Gremium, darunter die Verschärfung der „Sicherheitskontrollen gegen arabische Ausländer auf deutschem Boden", insbesondere bei der Grenzsicherheit. Weiterhin sollten „alle bestehenden rechtlichen Grundlagen voll ausgeschöpft werden, um Ausländer aus arabischen Ländern aus dem Gebiet der BRD zu entfernen, deren Persönlichkeit oder Verhalten Anhaltspunkte dafür erkennen lässt, daß sie weitere Terrormaßnahmen begehen, unterstützen oder auf irgendeine andere Weise fördern." Die Koordination der Ausweisung sollte im Rahmen der bereits erwähnten IMK stattfinden. Zudem wurde beschlossen, das Vereinsrecht im Hinblick darauf zu überprüfen, ob verdächtige palästinensische Vereinigungen verboten werden könnten. Das BMJ sollte, „[m]it Rücksicht auf die Gefahr, daß weitere Terrorakte auf deutschem Boden vorgenommen werden mit dem Ziel, die drei Verletzten, in Gewahrsam befindlichen Terroristen zu befreien"[230], für die verstärkte Bewachung Sorge tragen. Weiterhin wurde angekündigt, Sicherheitsmaßnahmen zur Verhinderung weiterer Terrorakte einzuleiten. Die Dauer der Maßnahmen war nicht befristet, „da dies von der Entwicklung der nach wie vor überaus prekären Sicherheitslage (Gefahr neuer Anschläge) abhängt."[231]

Aufhorchen lässt allerdings eine Bemerkung, die in der vorsichtigen Sprache der hohen Politik einem ‚mea culpa' gleicht. So teilte Ministerialdirigent Schlichter aus dem BKAmt mit, dass das nachmittags tagende Bundeskabinett in seiner Erklärung nicht auf die besprochenen Maßnahmen eingehen werde: „Dadurch soll dem Eindruck vorgebeugt werden, als hätten die deutschen Behörden es bisher versäumt, die erforderlichen Maßnahmen zu ergreifen."[232]

Kapitel zur Außenpolitik statt. Zur theoretischen Dimension der Verschränkung von Innen- und Außenpolitik vgl. Fischer, Regierung, S. 395-397.
[228] StS im BMI von 1971 bis 1973.
[229] Bericht über die Lagebesprechung am 6.9.72 von MR Schäfer (BMJ), verfasst am selben Tag; BArch B 141 / 30899.
[230] Ebd.
[231] Müller an VLR Redies am 16.10.72; PA B 1 / 509.
[232] Bericht über die Lagebesprechung am 6.9.72 von MR Schäfer (BMJ), verfasst am selben Tag; BArch B 141 / 30899.

Spiegelt sich hier die Angst vor dem Vorwurf des Aktionismus wider oder hatten es die deutschen Behörden tatsächlich versäumt, die erforderlichen Maßnahmen zu ergreifen? Ein Blick in das sicherheitspolitische Vorfeld der Ereignisse hilft, hier zu einer fundierten Deutung zu gelangen.

II.3.1 „Eine „neue Form der Kriminalität"?

Bundesinnenminister Genscher betonte nach dem Anschlag von München: „[W]ir stehen einer neuen Form der Kriminalität, nämlich dem internationalen Terrorismus, gegenüber."[233] Allerdings hatte es, von der Öffentlichkeit weitgehend unbeachtet, 1972 schon mehrere Anschläge internationaler terroristischer Vereinigungen, zum Teil auch des ‚Schwarzen Septembers', in Deutschland gegeben. International war der ‚Schwarze September'[234] zuvor vor allem durch die Ermordung des jordanischen Premierministers Wasfi Tall in Kairo im November 1971 und den gescheiterten Anschlag auf den jordanischen Botschafter in London, Said Fifai, bekannt geworden.[235] Zudem hatten sie „Anschläge auf Erdölraffinerien in Holland und Italien (Triest)"[236] verübt. Palästinensischer Terror in Deutschland war den Experten nicht unbekannt. Ein Bericht der Sicherungsgruppe des BKA verzeichnete schon zwei Jahre vor dem Anschlag in München eine „Häufung von Gewaltakten palästinensischer Fedayingruppen außerhalb des Kampfraumes". Zwischen 1968 und 1970 hat es 13 entsprechende Anschläge in Westeuropa gegeben, davon in Deutschland:

„8.9.69 Handgranatenanschlag auf die israelische Botschaft in Bonn [...]
10.2.70 Anschlag auf Passagiere und Besatzung eines El-Al-Flugzeuges in München Riem in Entführungsabsicht[237] [...]
21.2.70 Sprengstoffanschlag auf ein Flugzeug der AUA in Frankfurt/M."[238]

---

[233] BM Genscher am 8.10.72 im Interview mit dem Saarländischen Rundfunk; Transkription in BArch B 106 / 146543.
[234] Zu den Motiven, der Entstehungsgeschichte und Verbindungen zur PLO der Gruppierung ‚Schwarzer September', die übrigens auch Terroristinnen einsetzte, vgl. die alte, aber bislang einzige fundierte Monographie im westlichen Sprachraum dazu: Cooley, J.: Green March, Black September. The Story of the Palestinian Arabs; London 1973. Diese bemerkenswerte Studie bezieht englische, deutsche, französische und vor allem auch arabische Literatur mit ein.
[235] Vgl. FS Beirut an das AA vom 9.2.72; PA B 36 / 509.
[236] BfV-Präsident Nollau in einem schriftlichen Interview mit der BILD-Redaktion; BArch B 106 / 146540. Vgl. auch den Bericht „Schwarzer September an Rhein und Ruhr. Die Palästinenser in der Bundesrepublik"; in: Der Spiegel; Heft 38 / 1972; S. 24. Zur Übersicht und Kommentierung der Anschläge vgl. Cooley, September, S. 122-125.
[237] Vgl. dazu die Ermittlungen in BHStA MInn / 90131.

Zwar gingen die palästinensischen Aktivitäten 1971 leicht zurück. Am 6. Februar 1972 jedoch erschossen palästinensische Separatisten mit Maschinenpistolen fünf Jordanier in Brühl bei Köln. Gleichzeitig verübte der ‚Schwarze September', der in der libanesischen Zeitung [239] المحرر die Verantwortung übernahm, einen Sprengstoffanschlag auf die Montagehalle der Aggregatefirma Strüver in Hamburg, die offenbar auch Waffenteile für den Export nach Israel produzierte. Wenig später bekannte sich der ‚Schwarze September' in der gleichen Zeitung zu einem Anschlag auf die Reglerstation der städtischen Gaswerke in Hamburg-Harburg.[240] Fast zeitgleich, am 22. Februar 1972, „zwangen arabische Freischärler eine Lufthansamaschine zum Kurswechsel nach Aden und gaben sie erst nach Zahlung eines hohen Lösegeldes frei."[241] Dass dies durchaus ein Anreiz für weitere Aktionen und vor allem Flugzeugentführungen war, belegt ein mit arabischem Namen unterzeichneter Brief vom 19. September 1972 an das Polizeipräsidium Düsseldorf, in dem unter anderem auf die dringende Gefahr einer Lufthansaentführung hingewiesen wird, da „deutschland [...] im fruehling leichtsinnerweise [sic] [...] 5 millionen dollar bezahlt"[242] habe.

Der Jahresbericht des BfV 1972 listete mit akribischer Gründlichkeit alle entsprechenden Straftaten auf, wobei der Straftatbestand der Zugehörigkeit zu einer terroristischen Vereinigung noch nicht existierte, da er erst 18. August 1976 als Organisationsdelikt ins StGB aufgenommen wurde.[243] So summierte das BfV:

> „Ein Schwerpunkt politisch radikaler Aktivität der ausländischen Extremisten liegt im Bereich der politisch motivierten Gewaltkriminalität, die auch im internationalen Vergleich zugenommen hat. Als Opfer politisch motivierter Gewalt von Auslän-

---

[238] Beide Zitate im Bericht der Sicherungsgruppe des BKA vom 14.7.70 über terroristische Tätigkeiten von palästinensischen Guerilla-Organisationen außerhalb des Nahen Ostens; Einrückung übernommen; BArch B 106 / 115427.
[239] [Al-Muharrir] = Der Redakteur / Befreier. Alle Eigennamen, die keine einheitliche Transkription in den westlichen Sprachen haben, werden im Fließtext im originalen Schriftbild angegeben, um Verwechslungen zu vermeiden. Im Anmerkungsapparat wird die deutsche Phonetik wiedergegeben und eine Übersetzung beigefügt.
[240] Vgl. Lagebericht zur Inneren Sicherheit vom 7.2.72 sowie nachfolgende kritische Korrespondenz der AVen Kairo und Beirut mit dem AA über die außenpolitische Brisanz von bisher dementierten Waffenlieferungen nach Israel; in PA B 36 / 509.
[241] Jahresbericht des BfV 1972, S. 9; in: BArch B 106 / 78920. Nach dpa-Angaben sollen 16 Mio. DM gezahlt worden sein, um das Leben der 166 Jumbo-Jet-Passagiere freizukaufen.
[242] Anonymer Brief an das Polizeipräsidium Düsseldorf; per Fernschreiben an das AA weitergeleitet; PA B 36 / 509.
[243] § 129 a StGB. Vgl. Beulke, W.: Bildung krimineller oder terroristischer Vereinigungen; in: Deutsches Rechts-Lexikon; hg. v. H. Tilch u. F. Arloth; München ³2001; Bd. 2; S. 837 f.

dern fanden bei uns 22 Menschen den Tod [...]. Sprengstoffanschläge, Flugzeugentführungen und ähnlich schwere Gewalttaten mit politischem Hintergrund haben im gleichen Zeitraum zahlreiche weitere Personen in Lebensgefahr gebracht. Die meisten dieser Verbrechen wurden von Untergrundgruppen mit Sitz im Ausland organisiert. Insgesamt sind 257 (1971: 168) politisch motivierte Gewalttaten begangen oder angedroht worden. [...]
Bei den meisten erkannten oder vermuteten Tätern handelt es sich um arabische Extremisten palästinensischer Herkunft. Ihnen werden allein 109 Ausschreitungen, darunter 30 Terrorakte mit zum Teil schwerwiegenden Folgen zugerechnet."[244]

Angesichts dieser deutlichen Zahlen wird fragwürdig, ob Bundesinnenminister Genscher Recht hatte, wenn er von einer „neuen Form der Kriminalität"[245] sprach, oder ob sich das Expertenwissen nicht bis in die politische Führung getragen hatte.

Warnungen hatte es durchaus gegeben. Der Bundestagsabgeordnete Günther Metzger (SPD) betonte schon früh in einem Brief an Bundeskanzler Brandt, dass „eine in den Ausmaßen nicht abzusehende Ausweitung des Terrors in denjenigen Staaten [zu] befürchten [... sei], die nicht unmittelbar in den Nahostkonflikt verwickelt sind."[246] Schon 1970 hatte die Bundesregierung einen „besorgniserregende[n] Anstieg"[247] von Flugzeugentführungen und Attentaten festgestellt. Als deren Konsequenz forderte Metzger, im Einvernehmen mit den europäischen Nachbarn und „mit der gebotenen Eile [...] ein Landeverbot für alle Flugzeuge arabischer Luftfahrtgesellschaften und das Einstellen aller Flüge westlicher Luftfahrtgesellschaften in arabische Länder"[248] zu veranlassen. Mag auch dieser Abgeordnete ein Einzelfall und seine konkreten Forderungen überzogen gewesen sein, in die Krisenplanungen für die Olympischen Spiele gingen seine Bedenken nicht ein.

Zwar gab es ein „Befristetes Gesetz zum Schutz des Olympischen Friedens"[249], welches bis zum 31. Dezember 1972 die Versammlungsfreiheit einschränkte und den Landesregierungen einräumte, Bannkreise um Veranstaltungsorte zu ziehen. Die Begründung der bayerischen Staatsregierung war das

---

[244] Jahresbericht des BfV 1972; S. 2 und S. 8; in: BArch B 106 / 78920.
[245] Interview Saarländischer Rundfunk mit BM Genscher am 8.10.72; Transkription in: BArch B 106 / 146543.
[246] Brief von Günther Metzger, MdB, an BK Brandt vom 11.9.70; hat in Kopie auch BM Scheel vorgelegen; PA B 36 / 375.
[247] Sofortprogramm der Bundesregierung zur Verbrechensbekämpfung vom 28.10.70; Thema Ausländerkriminalität; BArch B 136 / 5051.
[248] Brief von Günther Metzger, MdB, an BK Brandt vom 11.9.70; hat in Kopie auch BM Scheel vorgelegen; PA B 36 / 375.
[249] Befristetes Gesetz zum Schutz des Olympischen Friedens. Verabschiedet am 31.5.72; veröffentlicht im Bundesgesetzblatt am 3.6.72; vgl. BArch B 136 / 5063.

Fernhalten von „politisch motivierten Störaktionen"[250]. In der Begründung eines Entwurfs des von langer Hand geplanten Gesetzes vom 23. November 1971 hieß es:

> „Es liegen Erkenntnisse vor, daß politisch radikale Gruppen und Einzelpersonen des In- und Auslandes den Ablauf der Olympischen Spiele 1972 in München und Kiel durch Demonstrationen und ähnliche Aktionen stören wollen. Sie beabsichtigen, dadurch dem Ansehen der Bundesrepublik Deutschland zu schaden und gleichzeitig ihre eigenen politischen Zielvorstellungen zu propagieren."[251]

Allerdings besteht angesichts des Schriftverkehrs um die Entstehung des Gesetzes kein Zweifel daran, dass es hier um politischen Radikalismus des rechten und linken Spektrums ging. In diesem Sinne äußerte sich der SPD-Abgeordnete Heinz Pensky, der vor einer rechtsradikalen „Gegen-Olympiade"[252] warnte. Die Möglichkeit aus dem Ausland organisierter Terroranschläge wurde in den Planungen nicht berücksichtigt.

Erschwerend kam hinzu, dass sich bei Regierungsantritt Willy Brandts nicht nur das Bundeskanzleramt als administrative Zentrale der Regierung, sondern auch die maßgeblichen sicherheitspolitischen Organe in desolatem Zustand befanden und dringender Modernisierung und Reorganisation bedurften, die allerdings auch erklärter Bestandteil der Reformpolitik Willy Brandts waren.[253] Horst Ehmke erinnert sich:

> „Wir hatten bei unserem Regierungsantritt die Sicherheitsorgane in einem schlechten Zustand vorgefunden, nicht nur den BND. Hinsichtlich des Verfassungsschutzes sollten wir es im Guillaume-Fall noch schmerzhaft erfahren. Aber auch das Bundeskriminalamt war für die neuen Herausforderungen nicht gerüstet."[254]

Dass es gerade im Bereich der Erkenntnisauswertung im Vorfeld der Olympischen Spiele Pannen gegeben hatte, räumte Bundesinnenminister Genscher auf der IMK am 13. September zumindest indirekt ein:

---

[250] Ebd.
[251] Entwurf eines Gesetzes zum Schutz des Olympischen Friedens vom 23.11.71; Begründung; BArch B 106 / 78702.
[252] Pensky, H.: Olympiastätten kein Tummelfeld für Extremisten. Sicherheitsbeauftragter vor schwieriger Aufgabe; hg. v. SPD-Pressedienst am 17.8.72.
[253] So kündigte Willy Brandt im Rahmen seines umfassenden Reformprogramms an, das BKA „durch die Erhöhung des Personals und den vermehrten Einsatz der elektronischen Datenverarbeitung instand zu setzen, die zentrale Fahndung, den Erkennungsdienst, die Intensivierung der Ermittlungen sowie die Forschung und Ausbildung in diesem wichtigen innenpolitischen Bereich durchzuführen." Sprechzettel zur Bundespressekonferenz am 8.7.70; BArch B 136 / 12976. Finanzminister Schiller kündigte in der Haushaltsdebatte 1971 eine 50-prozentige Erhöhung der Gelder für das BKA an; Haushaltsdebatte am 19.10.71 im Bundestag; vgl. BArch B 136 / 15686. Auch an die Reorganisation des AA zum 1.10.72 hier nochmals erinnert.
[254] Ehmke, Mittendrin, S. 182.

„Hinweise darauf, daß arabische Widerstandsorganisationen einen Anschlag im Rahmen der Olympischen Spiele beabsichtigten, fehlten zunächst. Erst mit dem Anschwellen der Informationen über beabsichtigte Störungen durch die verschiedensten politisch-radikalen Gruppen erhielten die zuständigen Sicherheitsbehörden auch Hinweise auf Pläne arabischer Widerstandsorganisationen, einen Zwischenfall evtl. auch in München zu inszenieren."[255]

In der Tat hatte es am Abend vor der Tat eine „Warnung vom Amerikanischen Nachrichtendienst" gegeben, „daß sich fünf namentlich genannte Terroristen auf dem Wege nach Westeuropa befänden, um hier Terrorakte zu begehen."[256] Ebenso hielt sich offenbar die palästinensische Top-Terroristin Leila Khaled[257] Anfang September in Deutschland auf, was die entsprechenden Behörden eigentlich in höchste Alarmbereitschaft hätte setzen müssen.[258] Offenbar sind die möglicherweise lebensrettenden Informationen jedoch auf dem Weg durch die Ämter verloren gegangen.[259]

Festzuhalten ist, dass der Anschlag des ‚Schwarzen Septembers' lediglich in seiner Öffentlichkeitswirksamkeit eine neue Dimension eröffnete und weder in Deutschland noch international eine völlig neue Form der Kriminalität darstellte. Das vorhandene Wissen der Experten trug sich nicht bis in das politische Führungspersonal der Bundesrepublik, das, einer selektiven Wahrnehmung[260] gleich, eine internationale Bedrohung nicht zur Kenntnis nahm.

II.3.2 GUPS und GUPA

Die vom Aktenvolumen sicherlich umfangreichste Maßnahme in der Folge des Anschlags vom 5. September 1972 war das Verbot der General-Union Palästinensischer Studenten (GUPS) und der General-Union Palästinensischer Arbeiter (GUPA).

---

[255] Sprechzettel für die Rede von BM Genscher auf der IMK am 13.9.72; BArch B 106 / 146540.
[256] Ein entsprechendes Schreiben vom LfV Bayern an das BMI vom 4.9.72 ist nachgewiesen in: BArch B 106 / 5194. Zitat aus dem Sachstand der Ermittlungen im BMI vom 6.9.72, 10 Uhr; Antwort auf Nachfrage beim bayerischen Landesamt für Verfassungsschutz; BArch B 106 / 146540.
[257] Eigentlich خالد ليلى [Laila Chalid]. 1969 und 1970 wurden unter ihrem Kommando zwei Flugzeuge entführt, eins davon gesprengt. Sie wurde eine der zentralen Figuren des für die spätere Gruppierung namensgebenden ‚Schwarzen September' 1970, als mehrere Palästinensergruppen unter Führung der PLO einen Aufstand gegen den jordanischen König Hussein unternahmen. Vgl. dazu Cooley, September, S. 87-132.
[258] Vgl. FS BfV an das BMI vom 7.9.72; BArch B 106 / 5194.
[259] Zu diesem Schluss kommen auch die Recherchen des BMI; vgl. BArch B 106 / 146540.
[260] Zur Begriffsbestimmung und Erörterung vgl. Diekmann, A.: Empirische Sozialforschung. Grundlagen, Methoden, Anwendungen; Reinbek [7]2001; S.44-46.

In einer am 3. Oktober 1972 vom Bundesinnenminister erlassenen Verfügung wurden die Vereine mit Bezug auf das Vereinsgesetz § 14 Abs. 1 verboten und das Vereinsvermögen eingezogen. Demgemäß können „Ausländervereine [...] unter anderem verboten werden, wenn sie durch politische Betätigung die innere Sicherheit oder die öffentliche Ordnung der Bundesrepublik Deutschland verletzen oder gefährden".[261]

Dass diese Maßnahme gerade zu Zeiten einer hochpolitisierten Studentenbewegung scharfe Proteste ausgelöst hat, kann nicht verwundern. So beeilte sich das BMI, den „differenzierenden" Charakter der Sicherheitsmaßnahmen zu unterstreichen, um – vergeblich – den Vorwürfen einer anti-arabischen Politik entgegenzuwirken: Es würden „nicht die p o l i t i s c h e n Ziele dieser radikalen Organisationen bewertet. Es geh[e] vielmehr allein darum, GUPS und GUPA an der Übertragung g e w a l t t ä t i g e r – die innere Sicherheit der Bundesrepublik beeinträchtigender – Auseinandersetzungen auf das Gebiet der Bundesrepublik Deutschland zu hindern."[262] Vor Journalisten erklärte Bundesinnenminister Genscher, „dass es keinesfalls zu massenausweisungen von gups und gupa-mitgliedern kommen werde, mit ausweisungen sei allenfalls in ganz wenigen einzelfaellen zu rechnen."[263]

Die Frage nach der Wirksamkeit der Verbote entzieht sich als indirekt kontrafaktische Fragestellung der historiographischen Überprüfbarkeit. Allerdings sollte man sich vor Augen führen, dass nach BMI-Schätzungen gerade mal „600 bis 800" Personen in der GUPS und „etwa 1000" in der GUPA vertreten waren, auf die die Verbote jedoch „keine unmittelbaren folgen" hatten.[264] Im Grunde wurde also nur *ein* Kommunikationsweg für konspirative Tätigkeiten aufgelöst. Religiöse oder inoffizielle Treffpunkte als mindestens gleichwertige Konspirationswege wurden nicht berücksichtigt. Die Akten lassen zudem nicht erkennen, dass oder ob ein unmittelbarer Zusammenhang zwischen dem Anschlag und den beiden Organisationen bestand, obwohl GUPS und GUPA in ihren Veröffentlichungen ohne Frage eine dezidierte Sympathie für die palästinensischen Kämpfer erkennen ließen.

In diesem Zusammenhang standen auch die vorauseilenden Verbotsmaßnahmen gegen den „Resistentia-Schriften"-Verlag, der verherrlichende Schriften verbreitete, und die übereilte Ausweisung und Abschiebung dessen Herausge-

---

[261] Verbotsverfügung des Bundesinnenministers für die GUPA vom 3.10.72; in PA B 1 / 509.
[262] Pressemitteilung des BMI vom 4.10.72; Hervorhebungen übernommen; in PA B 1 / 509.
[263] Vermerk Jesser (AA) über Journalistengespräch mit BM Genscher am 4.10.72 um 18 Uhr; PA B 36 / 509.
[264] Alle Zitate ebd.

bers al Frangi schon Mitte September 1972.[265] Gemessen an dem immensen und noch genauer zu erläuternden außenpolitischen Schaden, der von Kundgebungen gegen Deutschland im gesamten arabischen Raum[266] bis zum Vorwurf der „Pogromstimmung"[267] gegen Araber ging, muss die Kosten-Nutzen-Balance dieser Maßnahme als stark unausgeglichen bewertet werden.
Die Verbote von GUPS und GUPA waren eher einem starken Handlungszwang denn langfristiger und nachhaltiger Politik geschuldet. Eine nicht nachgewiesene direkte Verbindungen zu den Tätern des 5. Septembers, die Vernachlässigung weiterer terroristischer Konnexionspunkte sowie eine mangelnde Einbeziehung außenpolitischer Gesichtspunkte[268] lassen die Verbote als Teil eines überhasteten Aktionismus' erscheinen.

II.3.3 Einreiseauflagen, Ausweisungen und Abschiebungen

Eine außenpolitisch ähnlich hohe Wogen schlagende Maßnahme war die Verschärfung der Einreisebedingungen. Noch am 5. September wurde der Grenzschutz vom BMI angewiesen, „bei der ein- und ausreise von arabern […] besonders verschaerfte kontrolle[n]" durchzuführen: „es sind nicht nur die araber zurueckzuweisen, die den verdacht erwecken, dasz sie eine strafbare handlung beabsichtigen, sondern auch die araber, bei denen die richtigkeit ihrer angaben bei der einreise auf zweifel stoeszt"[269]. Ziel war es, „besonders ‚engmaschige Siebe'"[270] zu etablieren.
Klaus Harpprecht formulierte für Willy Brandt die politische Leitlinie: „die bundesrepublik wird kuenftig schaerfer darauf zu achten haben, wer mit welchen absichten in dieses land kommt. […] wir werden den missbrauch der freizuegigkeit, auf die wir stolz sind, zu verhindern wissen."[271] Zwei Tage später wurden diese eher vagen Anordnungen durch einen mit juristischer Gründlichkeit formulierten Erlass mit zwei Haupt- und vier Unterpunkten

---

[265] Vgl. Schreiben des Referats ÖS2 (BMI) an BM Genscher vom 15.9.72; BArch B 106 / 146540.
[266] Berichtet wird von Hungerstreiks im Libanon, Besetzung der deutschen Schutzmachtvertretung in Syrien, Besetzung der Botschaft in Algerien, sowie Handels- und Einreiseschikanen in Libyen; vgl. Vermerk VLR Niemöller am 11.10.72; PA B 36 / 509.
[267] Schreiben VLR Redies an StS Frank (AA) vom 21.10.72; PA B 36 / 509.
[268] Soweit erkennbar, ist das AA nur nachrichtlich informiert worden.
[269] FS BMI an die Grenzschutzdirektion (GSD) Koblenz vom 5.9.72; PA B 36 / 509.
[270] Innensenator Ruhnau (Hamburg) auf der Konferenz der Regierungschefs von Bund und Ländern am 6.10.72; Protokoll, k. w. A.; PA B 36 / 509.
[271] Telex BKAmt an den persönlichen Referenten Brandts, Schilling, in Feldafing bei München vom 8.9.72 mit der von Harpprecht formulierten Rede für das ausländische Fernsehen; WBA / BK 9, 1-6. Brandt hat das Manuskript mehrfach überarbeitet. Es ist jedoch nicht restlos zu klären, ob diese Rede tatsächlich gehalten worden ist.

konkretisiert: die nicht weiter präzisierten „araber"[272] seien „listenmaeszig" mit detaillierten Angaben zur Person zu erfassen und einer „fahndungsmaeszigen ueberpruefung [...] zu unterziehen." Zusätzlich sollte „in jedem falle" beim BfV rückgefragt werden, ob dort bereits Erkenntnisse vorlägen. Beim geringsten Verdacht auf Ungereimtheiten solle der (oder die) Einreisende zurückgewiesen werden:

> „zur feststellung ob ein sicherheitsrisiko ausgeschlossen werden kann, ist jeder araber nach ziel, reiseweg, dauer, unterkunft und zweck seiner reise zu befragen. er musz seine angaben glaubhaft machen koennen, entweder durch vorlage von papieren oder auch durch (telefonische) rueckfragen bei vertrauenswuerdigen personen (z.b. auskuenfte von geschaeftspartnern, behoerden, arbeitgebern)."[273]

Während Inhaber von Diplomaten- oder Dienstpässen von der intensiven Befragung ausgenommen waren, galten „als Sicherheitsrisiko [...] insbesondere Touristen."[274] Wie praxisfern die ausführlichen Einreisebestimmungen waren, zeigte sich wenig später:

> „Da das BfV sowie die Landesämter für Verfassungsschutz völlig unvorbereitet mit einer Flut von Anfragen [...] überrollt wurden, und sie anfangs weder personell noch organisatorisch darauf eingerichtet waren, liefen die Überprüfungsanfragen in den ersten Tagen bis zu 12 Stunden und länger."[275]

Auch Tage später sah die Situation nicht besser aus: „Die durchschnittliche Wartezeit zu der grenzpolizeilichen Abfertigung beträgt nach einem Bericht der GS-Direktion vom 11. September 1972 4 Stunden"[276]. Da die Ein- bzw. Ausreisenden offenbar nicht immer über den Hintergrund der umfassenden

---

[272] Die Präzision erfolgte einen Tag später am 8.9.72 per Fernschreib-Erlass: „Algerien, befriedetes Oman, Irak, Jemen, Jordanien, Katar, Kuweit, Libanon, Maskat und Oman, Saudisches Arabien, Süd-Jemen, Sudan, Syrien, Vereinigte Arabische Republik, Libyen, Marokko und Tunesien"; vgl. Bericht des Grenzschutzkommando Süd an das Bayerische Innenministerium vom 1.2.73; BHStA MInn / 88583.
[273] Alle Zitate im Fernschreib-Erlass des BMI vom 7.9.72; PA B 36 / 509.
[274] Interne Maßnahmenübersicht im BMI; k. w. A.; vmtl. bis zum 10.9.72 entstanden; BArch B 106 / 146540. Umso bizarrer wirken da die Olympiabroschüren, die die Distanz zur weltberühmten deutschen Kleinkariertheit betonten: „Falls Ihr Deutschlandbild älter ist als der Durchschnitt der Athleten [...]: erleben Sie selbst ein neues Land. Die Bundesrepublik Deutschland ist [...] ein moderner Staat [...]. Sie ist lustiger, herzlicher, weltoffener, vernünftiger als Sie vielleicht denken." Olympiabroschüre „München hat viel zu bieten – 1972 noch mehr"; hg. v. Organisationskomitee der Olympischen Spiele; BArch B 185 / 2133.
[275] Bericht des Grenzschutzkommando Süd an das Bayerische Innenministerium vom 1.2.73; BHStA MInn / 88583.
[276] BGS an StS Rutschke (BMI) vom 11.9.72; BArch B 106 / 5194. Auch der Sekretär der Arabischen Liga musste vier Stunden warten; vgl. Beschwerdebrief der deutsch-arabischen Gesellschaft an BM Scheel vom 29.9.72; PA B 1 / 509.

und langwierigen Kontrollen informiert waren, empfahl der in der Nahostregion sehr engagierte ehemalige BMZ-Minister Hans-Jürgen Wischnewski[277], doch wenigstens ein mehrsprachiges Flugblatt auszulegen.[278]
Zusammen mit den verschärften Kontrollen wurde der „sichtvermerkszwang"[279] für Libyen, Marokko und Tunesien auf Beschluss der IMK wieder eingeführt.[280] Das damalige Verfahren sah vor, dass ein Visum seitens des örtlichen Konsulats erteilt werden konnte, wenn nicht binnen vier Wochen Widerspruch durch Verwaltungsamt oder Ausländerpolizeibehörden erfolgte. Das AA wurde bald jedoch von den Auslandsvertretungen unter anderem in Beirut und Kuwait alarmiert, dass die

> „Ausländerpolizeibehörden in nahezu 90 % aller Fälle Antrag auf Visum-Erteilung ablehnen, obwohl keine Sicherheitsbedenken geltend gemacht wurden. Ablehnung erfolgt zudem ohne nähere Begründung. Diese Praxis führt de facto zu völliger Einreisesperre, vor allem für Geschäftsleute, und kann unmöglich beibehalten werden."[281]

Zudem wurden außergewöhnlich lange Bearbeitungszeiten beklagt: „Während die Erteilung von Sichtvermerken bei den Amerikanern 5 Tage dauert, benötigten den deutschen Behörden dafür 4 Wochen."[282] Die wenigen Ausnahmen dazu waren in unnachahmlich behördlicher Manier geregelt. Ungeprüfte Sichtvermerke konnten bei Personen erteilt werden, „die mindestens einem deutschen beamten der besoldungsgrupp[e] b vergleichbar sind."[283]
Ähnlich wie bei den Verboten der GUPS und GUPA trafen diese speziellen, ethnisch begründeten Behandlungen einen empfindsamen Nerv in der arabischen Welt, was eine Flut an Beschwerden im AA und den Auslandsvertretungen auslöste:

---

[277] BM für das BMZ von 1966 bis 1968. Sein Engagement ihm arabischen Raum brachte ihm den Spitznamen „Ben Wisch" ein.
[278] Büroleiter Radau (Ehmke) berichtet darüber in einem Brief an BM Genscher vom 18.10.72; BArch B 106 / 5194.
[279] Vgl. Fernschreiben BMI an AA vom 12.9.72; PA B 36 / 510. ‚Sichtvermerk' ist der formale Begriff für ein Visum, kann aber auch Stempel oder heute Hologramme oder Barcodes umfassen. Gemeint ist die behördliche Registrierung des Aufenthalts.
[280] Vgl. Protokoll der IMK vom 13.9.72; BArch B 106 / 39854.
[281] Sprechzettel für Gespräch mit BM Genscher am 27.11.72; Hervorhebung übernommen; verfasst zwischen 24. und 27.11.72; leider keine weiteren Angaben; vmtl. für BM Scheel oder StS Frank; PA B 36 / 509.
[282] Ergebnisniederschrift der ersten Interabteilungssitzung Nahost im AA vom 23.10.72, Beitrag VLR Niemöller; PA Zwischenarchiv / 100726.
[283] Rundschreiben AA als Ergänzung zum Erlass vom 29.9.72, k. w. A., jedoch spätestens vom 19.10.72; PA Zwischenarchiv / 100726.

> „teilnehmer, funktionaere und journalisten aus arabischen laendern werden bei ihrer ausreise auf dem flughafen muenchen einer peinlichen kontrolle unterzogen, bevor sie ausreisen duerfen. durch diese kontrollen verzoegert sich die ausreise dieser personen, diese versaeumen zum teil ihre flugzeuge. [...] ich vermag nicht zu beurteilen, ob der moegliche fahndungserfolg dieser kontrollen die veraergerung dieses personenkreises ueber die behandlung rechtfertigt."[284]

Der ägyptische Botschafter demarchierte, dass die deutschen Sicherheitsvorkehrungen „für die Betroffenen unwürdig" seien. Zudem beklagte er die „unhöfliche Behandlung arabischer Staatsangehöriger durch die deutschen Grenzstellen."[285] In einer Eilbotschaft „mit Sonderboten in den Bundestag" forderte Staatssekretär Frank (AA) Außenminister Scheel auf – da „die Unzufriedenheiten [...] in den arabischen Hauptstädten stark zu[nehmen]" – mit Innenminister Genscher „nach Mitteln und Wegen zu suchen, die Ein- und Ausreisepraxis so zu gestalten, daß unsere Beziehungen zu den arabischen Ländern nicht in gefährlicher Weise belastet werden"[286].

Und ähnlich wie bei GUPS und GUPA gingen die Maßnahmen am eigentlichen Kern des Problems vorbei.[287] Die illegale Einreise über Ost-Berlin oder über die Nachbarstaaten der EG war, zum Teil auch als Diplomaten sympathisierender Staaten getarnt[288], sicherheitspolitisch viel eher von Belang als die zusätzliche Absicherung insbesondere der Flughäfen.[289]

Zur demonstrativen Härte der Polizeiorgane gehörte auch die beschleunigte Ausweisung und Abschiebung[290] von Ausländern arabischer Herkunft. Schon

---

[284] Fernschreiben Kunze (möglicherweise AA) an BM Genscher vom 11.9.72; BArch B 106 / 5194.
[285] Aufzeichnung über die Demarche des ägyptischen Botschafters von VLR Redies zur Vorlage bei StS Frank und BM Scheel vom 23.9.72; PA B 1 / 509.
[286] Botschaft StS Frank an BM Scheel, per Eilboten, vom 22.9.72; PA B 36 / 509.
[287] Auch die Zahlen machen dies deutlich: In Bayern wurden zwischen 5. und 17.9.72 von 1198 arabischen Einreisenden 35 zurückgewiesen, eine einzige Person dem LfV übergeben. Vgl. Bericht des Grenzschutzkommando Süd an das Bayerische Innenministerium vom 1.2.73; BHStA MInn / 88583.
[288] Z. B. fiel die diplomatische Vertretung Libanons in der Schweiz durch verdächtig viel Personal auf.
[289] Vgl. Rundfernschreiben des BMI vom 7.9.72; BArch B 106 / 5194. Ebenso berichtet auch der Menschenrechtler und Kriegsverbrecher-Ankläger Robert Kempner in einem Brief an das israelische Justizministerium vom 20.10.72; BArch N 1470 / 1460. Das Problem der Einreise ohne Sichtvermerk über Ost-Berlin benannte Genscher auch in seiner Rede vor dem Ständigen Ausschuss des Bundestags am 30.10.72; BArch B 106 / 56457.
[290] Die beiden Begriffe unterscheiden sich nach deutschem Ausländerrecht darin, dass die Ausweisung ein Erlöschen der Aufenthaltsgenehmigung bei gleichzeitige Wiedereinreisesperre bedeutet (feststellender Verwaltungsakt), die Abschiebung dagegen der aktive Akt der Entfernung der betreffenden Person über die Landesgrenzen hinweg ist (behördliches

in der ersten Ressortbesprechung am 6. September 1972 im BMI war beschlossen worden, die Duldung von Ausländern mit ungeklärtem Rechtsstatus aufzuheben.[291] Was als öffentlich wirksame Maßnahme gedacht war, wurde aber angesichts massiver Proteste aus dem In- und Ausland zunehmend zum Problem.[292] Abermals musste sich Bundesinnenminister Genscher beeilen, die Größenordnung herunterzuspielen. Im Journalistengespräch hob er hervor, dass „weniger als 100 personen ausgewiesen"[293] worden seien.

Die in Einzelfällen überhasteten und von den örtlichen Behörden unprofessionell durchgeführten Abschiebungen verstärkten jedoch nur das Echo. Der *Spiegel* kommentierte bissig: „Bißl Brachialgewalt"[294]. Rechtliche Schwierigkeiten verstärkten das Dilemma. Auf der Besprechung zwischen den Regierungschefs von Bund und Ländern am 6. Oktober 1972 wurde „auf die Schwierigkeiten der Polizei hin[gewiesen], ihr Vorgehen bei den Abschiebungen ‚gerichtssicher' zu machen."[295]

Der prominenteste Fall war sicher der Chefredakteur und Herausgeber der ‚Resistentia-Schriften', al Frangi, der, ohne dass ihm vorherigere konsularische Kontakte zugestanden worden waren, nach Algerien ausgeflogen worden war. Mit den Vorwürfen konfrontiert, antwortete Genscher lapidar, „dass die ausweisungsanordnungen auch vom ausland her vor den deutschen verwaltungsgerichten angefochten werden koennten. insofern werde der rechtsstaatlichkeit voll genuege getan."[296]

Wie fern dies der Realität war, zeigten die sich häufenden Beschwerden beim Bundespräsidenten. Auch das AA sprach von „Ausweisungen [...], die in humanitärer Sicht zu unerfreulichen Konsequenzen geführt" hätten, nämlich „Fälle, in denen deutsche Ehefrauen und Kinder hiergeblieben sind" oder

---

Zwangmittel). Vgl. Gesetz über die die Einreise und den Aufenthalt von Ausländern im Bundesgebiet (Ausländergesetz – AuslG); §§45-49.

[291] Bericht über die Lagebesprechung am 6.9.72 von MR Schäfer (BMJ), verfasst am gleichen Tag; BArch B 141 / 30899.

[292] Vgl. Ergebnisniederschrift der ersten Interabteilungssitzung Nahost im AA vom 23.10.72, Beitrag von VLR Niemöller; PA Zwischenarchiv / 100726. Im Inland berichtete z. B. Der Stern über die Härtefälle, Vgl. Der Stern, Heft 42 / 1972, S. 208-210.

[293] Jesser (AA) über Journalistengespräch mit BM Genscher am 4.10.72 um 18 Uhr; PA B 36 / 509.

[294] Der Spiegel, Heft 41 / 1972, S. 100 f.

[295] Der rheinland-pfälzische Minister Schwarz auf der Konferenz der Regierungschefs von Bund und Ländern am 6.10.72; Protokoll; PA B 36 / 509.

[296] Jesser (AA) über Journalistengespräch mit BM Genscher am 4.10.72 um 18 Uhr; PA B 36 / 509.

„Fälle, in denen die Betroffenen kurz vor Abschluß des Studiums bzw. der Berufsausbildung in Deutschland standen."[297]

Der ägyptische Botschafter beklagte eine „einsetzende Ausweisungswelle"; sie sei „so schnell, daß nicht einmal der übliche konsularische Schutz durch die Botschaften wahrgenommen werden könne." Zudem habe es massive Beschwerden von Seiten der Palästinenser in Deutschland gegeben: sie „wüßten nicht, ob sie nun ebenfalls ihre Koffer packen müssen."[298]

Die verschärften Einreise- und Abschiebungsmaßnahmen charakterisieren deutlich die in den ressortübergreifenden Konsequenzen unzureichend durchdachten Reaktionen. Abermals wurde die Verschränkung zwischen Länder-, Innen- und Außenpolitik nicht genügend berücksichtigt. Der späte Lösungsvorschlag des AA: „Schaffung eines Gremiums auf Referentenebene zwischen AA, BMI, BfV und eventuell die jeweils zuständigen Länderbehörden"[299]. Dies macht deutlich, wie sehr auch hier Handlungszwang – und nicht Nachhaltigkeit – die maßgebliche Triebfeder für die eingeleiteten Aktionen war.

II.3.4 Personen- und Objektschutz

Im Zuge der außenpolitischen Verstimmungen nach den Ereignissen von München und Zagreb kam es zu blutrünstigen Drohungen gegenüber führenden Persönlichkeiten der deutschen Politik und deren Familien, aber auch gegen Israelis und Arabern in Deutschland.[300]

Aufgrund fortlaufend eingehender Hinweise kam eine Dienstbesprechung unter Vorsitz von Bundesinnenminister Genscher zu dem Schluss, dass eine „sehr ernstzunehmende Gefahrensituation" herrsche. Vor allem „Repräsentanten der Verfassungsorgane des Bundes und [...] auch der Länder" und „Luftfahrzeuge der Deutschen Lufthansa und deutscher Chartergesellschaften sowie der israelischen Fluggesellschaft EL-AL"[301] seien gefährdet. Gleichzeitig ordnete das BMV eine stärkere Bewachung der Rollfelder und der abgestellten

---

[297] Sprechzettel für Gespräch mit BM Genscher am 27.11.72; Hervorhebung übernommen; hierin auch der Hinweis auf die zurückgebliebenen Ehefrauen, die sich beim Bundespräsidenten beschwert hätten; verfasst zwischen 24. und 27.11.72; leider keine weiteren Angaben; vmtl. für BM Scheel oder StS Frank; PA B 36 / 509.
[298] Aufzeichnung über die Demarche des ägyptischen Botschafters von VLR Redies zur Vorlage bei StS Frank und BM Scheel vom 23.9.72; PA B 1 / 509.
[299] Sprechzettel für Gespräch mit BM Genscher am 27.11.72; verfasst zwischen 24. und 27.11.72; k. w. A.; vmtl. für BM Scheel oder StS Frank; PA B 36 / 509.
[300] Einige Briefe dieser Art sind in BArch B 185 / 3231 zu finden.
[301] Ergebnisvermerk der Dienstbesprechung unter Vorsitz von BM Genscher am 8.9.72; BArch B 106 / 146540.

DLH und Condor-Maschinen an.³⁰² Genscher befahl die Verstärkung des Personenschutzes für die augenscheinlich am meisten gefährdeten Politiker:³⁰³

> „aufgrund vorliegender meldungen musz mit weiteren anschlaegen arabischer terroristen im bundesgebiet gerechnet werden. als moegliche angriffsziele kommen u.a. insbesondere die reaesentanten der verfassungsorgane des bundes in betracht. der bundesinnenminister ha deshalb veranlasst, dasz jedem bundesminister sowie dem praesidenten des deutschen bundestages mindestens ein vollzugsbeamter des bka zum persoenlichen schutz zur verfuegung steht.fuer den schutz des bundesministers des innern sind ab sofort vier beamte mit mp [...] einzusetzen."³⁰⁴

Auch die Wohnungen der Minister sowie die zentralen politischen Institutionen wurden verschärft bewacht. Dass dies nicht immer besonders professionell ablief, berichtet Kanzleramtschef Horst Ehmke, der ebenfalls unter besonderem Schutz stand: „Das Haus [...] wurde von gerade aus der Ausbildung kommenden jungen Schutzpolizisten des Landes NRW bewacht. Sie schossen in der ersten Nacht vor lauter Aufregung auf die Igel im Garten."³⁰⁵ Ab 19. September wurde schließlich der Militärische Abschirmdienst (MAD) für den Objekt- und Personenschutz aktiviert.³⁰⁶ Da auch Drohungen sowohl gegen deutsche Auslandsvertretungen ³⁰⁷ als auch gegen Vertretungen in Deutschland geäußert wurden, wurden auch diese von BKA-Beamten bewacht.³⁰⁸

In der Tat waren diese sicherheitspolitischen Befürchtungen nicht unbegründet. Am 3. Oktober 1972 wurde die 39. Briefbombe an jüdische Einrichtungen und Personen in aller Welt gezählt.³⁰⁹ Auch Giftanschläge auf jüdische Seniorenheime wurden registriert.³¹⁰ Allerdings wurde auch aktenkundig, dass ein Israeli am 27. September 1972 einen Brandanschlag auf den „extrem links-

---

[302] Vgl. Bericht des Grenzschutzkommando Süd an das Bayerische Innenministerium vom 1.2.73; BHStA MInn / 88583.

[303] zu den Personenschutzfragen vgl. v. a. BArch B 106 / 78702.

[304] Fernschreib-Rundschreiben des BMI vom 9.9.72; BArch B 106 / 46424. Fehler übernommen.

[305] Ehmke, Mittendrin, S. 186.

[306] Referat ÖS an BM Genscher am 19.9.72; BArch B 106 / 146540.

[307] z. B. in Norwegen, Finland, Luxemburg, Irland, „da in diesen staaten die polizei schwach ist"; anonymer Hinweis vom 19.9.72; per Fernschreiben vom BMI an das AA; in PA B 36 / 509.

[308] Vgl. Ergebnisvermerk der Dienstbesprechung unter Vorsitz von BM Genscher am 8.9.72; BArch B 106 / 146540; vgl. a. Fernschreiben BM Genscher an das AA vom 7.9.72; BArch B 106 / 5194.

[309] Darüber berichtete auch Der Stern, Heft 41 / 1972, S. 186-188.

[310] Hinweis über verdächtige Sendungen für die Auslandsvertretungen vom 3.10.72; PA B 36 / 509. Auf die Giftanschläge auch Hinweise im Nachlass Kempner; BArch N 1470 / 1460.

orientierten hamburger polit-buchladen „manifest"[311] verübte und wenige Tage später nach Israel abgeschoben wurde.

Insgesamt haben die Personen- und Objektschutzmaßnahmen wenig Ereignisspezifisches an sich gehabt. Interessant ist, dass diesen Maßnahmen ein erheblicher Kosten- und Zeitfaktor eingeräumt wurde, zumal sich der Anschlag ursprünglich gar nicht gegen Deutsche oder gar Prominente gerichtet hatte. Es erscheint plausibel, dass hier die klassische Terrorismusvorstellung vom „tyrannicide"[312] vorrangig gewesen sein könnte, die die Entscheidungsträger im Zentrum der Gefährdung sieht.

Der Schutz von exponierten Persönlichkeiten hat eine lange Tradition, so dass man den Sicherheitsbehörden mit einigem Recht Routine zusprechen kann. In der Retrospektive mag der doppelte Schutz für den über Personenschutz befindenden Bundesinnenminister als großzügige Nutzung der Amtsgewalt wirken. Andererseits muss auch berücksichtigt werden, dass die Bilder von Genscher als Verhandlungsführer um die Welt gegangen waren.[313]

II.3.5 GSG 9

Die wohl bekannteste Initiative nach den Ereignissen von München war die Aufstellung einer Anti-Terror-Einheit, der Grenzschutzgruppe 9. Im Gegensatz zu den bestehenden Spezialeinsatzkommandos (SEK) der Landespolizeien unterstand die GSG 9 dem Bund, was das bereits erörterte Problem der Entscheidungsebenen auflöste. Es hatte zwar im Vorfeld zum 5. September bereits Überlegungen gegeben, eine „Sondertruppe des BKA"[314] für Anti-Terror-Einsätze auszubilden, jedoch muss der Anschlag auf das Olympische Dorf als eindeutiger Auslöser für die entsprechende Gesetzesinitiative am 26. September 1972 gelten. Am 12. September diskutierten die Abteilungs-

---

[311] Fernschreiben BMI an AA über Hinweise auf israelischen Terrorismus; PA B 36 / 509. Dieses Dokument ist ein interessanter (wenn auch schwacher) Hinweis für die in Politik und Forschung umstrittene Existenz jüdischen Terrorismus. Vgl. Townshend, Terrorism, S. 87-91.
[312] Townshend, Terrorism, S. 21. Diesem Terrorimustyp ordnet Townshend eine moderne Variation zu, die sich auch auf „symbolic or functional target[s]", wie z. B. hohe Sicherheitsbeamte oder Geheimdienstchefs erstrecken kann.
[313] Es war nicht zu erfahren, ob den verbliebenen, vor allem den zwei weiblichen israelischen Athletinnen ebenfalls Personenschutz gewährt wurde.
[314] Mitschrift der Abteilungsleiterbesprechung mit BM Genscher im BMI am 12.9.72, in der intensiv über ressortübergreifende Zustimmung zu Kosten und Personalfragen debattiert wurde; BArch B 106 / 40760.

leiter im BMI bereits die finanziellen Details der „vom Bundeskanzler und von Bundesminister Schmidt richtig gehaltenen Sondertruppe".[315]
Mit der Aufstellung wurde der BGS-Verbindungsoffizier im BMI und Vertraute Genschers, OTL Ulrich Wegener, betraut. Am 28. November berichtete Wegener über einen Sonderlehrgang bei den israelischen Streitkräften, den er kurz zuvor absolviert hatte. Die israelische Terrorbekämpfung galt damals als die fortschrittlichste überhaupt.[316] Das praktische Training übte in erster Linie den „Einsatz von Kommandoeinheiten gegen Terroristen im Fall von Skyjackings". Der ausführliche Trainingsbericht erwähnt allerdings ebenfalls sowohl starke theoretische Schulung über Organisation, Methoden und Vorgehen der einzelnen arabischen Terrorgruppen, ihre jeweiligen Rollen im palästinensischen Terrornetzwerk, als auch stark psychologisch orientierte Herangehensweisen: „Der Araber ist kein Selbstmördertyp. Wenn man ihm einen Ausweg zeigt unter Wahrung seines Gesichts, wird er nie einen Selbstmord begehen. Fürstenfeldbruck unterstreicht diese These nur."[317]
Gleichzeitig prüfte das BMI, nach dem Vorbild der USA, Israels und der Schweiz, bewaffnete Sicherheitskräfte in Flugzeugen der Lufthansa einzusetzen.[318] Während diese, nach Flugzeugentführungen bis heute immer wieder geäußerte Forderung 1972 nicht umgesetzt wurde, konnte Bundesinnenminister Genscher bereits Anfang Dezember 1972 vermerken, dass die Aufstellung der Spezialeinheiten eingeleitet worden sei.[319] Auf der IMK am 5. Februar 1973 erläuterte Genscher die Dimension des Projekts: „zwei vollständige Grenzschutzabteilungen"[320] sollten zur Verfügung gestellt werden. Im April 1973 meldete Wegener schließlich die Einsatzbereitschaft der neuen Spezialeinheit, deren größter Erfolg 1977 die Erstürmung der entführten Lufthansa-Maschine „Landshut" in Mogadischu werden sollte und die bis heute weltweit als eine der professionellsten Sondereinheiten in Einsätzen gegen den Terrorismus gilt.
Die Initiative der Gründung der GSG 9 ist die einzige, bewusst langfristig angelegte Maßnahme, die nach den Ereignissen von München und Zagreb ange-

---

[315] Mitschrift der Abteilungsleiterbesprechung mit BM Genscher im BMI am 12.9.72; BArch B 106 / 40760.
[316] Vgl. BR-Interview mit Ulrich Wegener am 14.11.2000; 20.15 Uhr; online unter http://www.br-online.de/alpha/forum/vor0011/20001114_i.shtml; Stand vom 27.1.2006.
[317] Beide Zitate im Bericht OTL Wegener vom 28.11.72 über einen Sonderlehrgang bei den israelischen Streitkräften; BArch B 106 / 115427.
[318] FS BMI an das AA vom 14.11.72; PA B 36 / 509.
[319] Brief BM Genscher an den IMK-Vorsitzenden und Hamburger Innensenator Ruhnau vom 4.12.72; BArch B 106 / 39854.
[320] Sprechzettel BM Genscher für die IMK am 5.2.73; BArch B 106 / 88817. Eine Grenzschutzabteilung entspricht einer Personalstärke von etwa 600.

gangen wurde. Da grundlegende Vorbereitungen den Anschlägen vorausgingen, ist sie nicht dem direkten Handlungszwang entsprungen. Dennoch wurde der entscheidende Impuls zur Gründung durch die Anschläge gegeben. Die Schaffung eines dem Bund unterstellten Instruments zur Terrorbekämpfung ebnete Kompetenzkonflikte auch für die Zukunft. Die langfristig angelegte Orientierung an Spitzeneinheiten im Ausland sowie an modernster Technik und Taktik schuf ein auch nach heutigen Maßstäben adäquates Mittel zur Terrorbekämpfung.

II.3.6 Rechtspolitik der Passivität

Die juristische Dimension der Ereignisse von München und Zagreb ist äußerst komplex, da verschiedenste Gebiete einerseits des öffentlichen Rechts, hier insbesondere des Polizei- und Ordnungsrechts, Ausländerrechts sowie des Staatsorganisationsrechts, andererseits des (materiellen) Strafrechts betroffen sind.[321]

Schon vor dem Anschlag von München hatte es, nicht zuletzt aufgrund der Aktivitäten der RAF, eine grundlegende rechtliche Neujustierung im Bereich Innere Sicherheit gegeben. Statt der Schaffung neuer rechtlicher Instrumente sah der Kern der Gesetzesnovellen eher eine Anpassung der Gesetze aus den frühen 1950er Jahren an den zunehmend gewohnheitsrechtlich geregelten Status quo.[322] Auch der berühmte ‚Extremisten'- oder ‚Radikalenerlass' vom Januar 1972, der heftige öffentliche Kritik ausgelöst hatte, war lediglich eine unitarisierende Angleichung und „möglichst einheitliche Auslegung geltenden Beamtenrechts"[323].

---

[321] Die sehr komplexe Aufgabe der Rekonstruktion des damaligen Rechtsstandes kann hier nur sehr partiell und fokussiert erfolgen.

[322] Am 8.8.72 wurde nach vorheriger Änderung des GG Art. 35, Abs. 2 das BGS-Gesetz von 1951 novelliert. Statt der vier Paragraphen, die ausschließlich Kompetenzen im Staatsgrenzbereich regelten, wuchs das Gesetz auf „74 Paragraphen in 8 Abschnitten" an, die Kompetenzen, aber auch das Verhältnis des BGS zu den Landesbehörden regelte. Auch das BKA-Gesetz wurde nach langer Vorbereitung am 13.9.72 novelliert. Ebenso das Bundeswaffengesetz am 7.7.72. Vgl. die Übersicht über die Gesetzesnovellen zur Inneren Sicherheit; k. w. A., vmtl. September 1972; Zitat dort; BArch B 136 / 5051. Zur Reform der Inneren Sicherheit vgl. Erklärung BM Genscher vom 7.6.72 vor dem BT; BArch B 106 / 56457.

[323] Die gemeinsame Erklärung der Regierungschefs von Bund und Ländern vom 28.1.72 regelte die Grundsätze zur Einstellung in den öffentlichen Dienst. Die verlangte Verfassungstreue resultierte in einer Regelanfrage beim BfV und einem de-facto-Berufsverbot für Mitglieder ‚extremer' Parteien oder Gruppierungen. Ende der 1970er Jahre wurde dieses Verfahren (außer in Bayern) abgeschafft. Horst Ehmke charakterisierte diesen ‚Erlass' später als „verhängnisvolle[n] Fehler". Ehmke, Mittendrin, S. 176 f. Zitat im Fließtext ebd., S. 178.

Auch nach dem Anschlag von München wurde wenig Veranlassung gesehen, bekannte Rechtswege zu verlassen. Exemplarisch dafür ist die Äußerung des schleswig-holsteinischen Ministerpräsidenten Gerhard Stoltenberg (CDU) auf der Besprechung der Regierungschef von Bund und Ländern am 6. Oktober 1972:

> „Die Ereignisse der letzten Zeit haben gezeigt, daß die geltenden Bestimmungen zur Inneren Sicherheit und zum Ausländerrecht wirksamer gehandhabt werden müssen. Insofern erscheint auch eine Abstimmung über die konsequentere Anwendung der einschlägigen Bestimmungen zwischen Bund und Ländern erforderlich. Vor allem aber ist es an der Zeit, die vorbereitete Ergänzung und Präzisierung des Ausländergesetzes einzuleiten, um der Rechtsprechung klarere juristische Normen zu geben, die bereits 1970 von Sachverständigen des Bundes und der Länder erarbeiteten Vorschläge sind bislang nicht verwirklicht worden."[324]

Hamburgs Innensenator Heinz Ruhnau (SPD) hielt dagegen: „Es sei nicht ratsam, das Ausländerrecht [...] zu ändern. Vielmehr müsse man [...] zunächst einmal die Rechtsprechung zu den Ausweisungen [...] prüfen."[325] Es ist auffällig, wie wenig Impulscharakter die Ereignisse von München auf diese Debatte hatten. Zudem ist bemerkenswert, dass im Kreis der politischen Entscheidungsträger die *verspätete* Umsetzung politischer Vorhaben und die unscharfe Rechtslage beklagt wurden, nicht jedoch das Fehlen von Rechtsinstrumenten.

Erst unter dem Eindruck des eskalierenden deutschen Terrorismus Mitte der 70er Jahre kam es zu tiefgreifenden Rechtsschöpfungen. 1973 richtete das BfV eine Abteilung ‚Terrorismus' für die Koordinierung „nachrichtendienstliche[r] Mittel"[326] wie von V-Leuten ein. Erst 1976 wurde der Paragraph 129a (Bildung einer terroristischen Vereinigung) in das StGB aufgenommen, 1977 wurde das Kontaktsperregesetz[327] erlassen und damit ein rechtliches „Dilemma"[328] gelöst. Auch die technische Umsetzung der Rechtsnormen erfuhr erst

---

[324] Erläuterung zum Antrag des Tagesordnungspunkt 2 („Innere Sicherheit; insbesondere Fragen des Ausländerrechts und Stand der Durchführung des Programms für die innere Sicherheit in der Bundesrepublik Deutschland") beim Treffen zwischen den Regierungschefs von Bund und Ländern am 6.10.72; Fernschreiben des BKAmt an die Regierungschefs der Länder vom 22.9.72; BArch B 136 / 4183.
[325] Hamburgs Innensenator Ruhnau auf der Konferenz der Regierungschefs von Bund und Ländern am 6.10.72; Protokoll; PA B 36 / 509.
[326] Vgl. Chronologie in: Die Anti-Terror-Debatten im Parlament. Protokolle 1974-1978; hg. v. F. Duve; Reinbek 1978; S. 13. Interessanterweise wurde in keiner dieser Debatten auf die Ereignisse von München oder Zagreb rekurriert.
[327] Kontaktsperre zwischen aufgrund § 129a StGB Inhaftierter und der Außenwelt, einschließlich Verteidiger/n.
[328] Klughardt, W.: Die Gesetzgebung zur Bekämpfung des Terrorismus aus strafrechtlich-soziologischer Sicht; München 1984; S. 129.

unter dem Eindruck der Entführung und Ermordung von Arbeitgeberpräsident Schleyer 1977 grundlegende Impulse. Zwar hatte der BKA-Präsident Horst Herold[329] seit Amtsantritt 1971 die Computerisierung der Sicherheitsbehörden mit großer Leidenschaft forciert[330], jedoch fand eine grundlegende Restrukturierung erst 1978 auf Basis des sogenannten Höcherl-Berichts[331] statt.[332] Natürlich spielt die rasante Entwicklung der EDV in den 70er Jahren hierbei eine Rolle, doch wird auch deutlich, dass die bestehenden Mittel 1972 offenbar als ausreichend empfunden wurden.[333]

Ein weiteres, nicht minder umstrittenes juristisches Problem war der Umgang mit den am 29. Oktober 1972 in Zagreb freigegebenen Terroristen von München. Der israelische Korrespondent Alfred Wolfmann[334] machte in der Bundespressekonferenz kurz nach der Freilassung der Terroristen von München die Außergewöhnlichkeit des Vorgangs deutlich:

> „Ist die Bundesregierung der Meinung, daß man auch künftig arabischen Erpressungen nachgeben soll? Lassen Sie mich ein Beispiel nennen: Wenn durch Entführung einer weiteren Maschine etwa die Feilassung von Mitgliedern der Baader-Meinhof-Bande erreicht werden solle, würden dann die deutschen Behören diese

---

[329] BKA-Präsident von 1971 bis 1981.
[330] Vgl. Weinhauer, Terrorismus, S. 219-242. Weinhauer geht äußerst kritisch mit Horst Herold und seinen Maßnahmen ins Gericht. Er bezeichnet Herold als „Ikone des Überwachungsstaats", der mit „männerbündischen […] Gremien" und „Datensammelwut im BKA […] Allmachts- und Kontrollfantasien" auslebe; Zitate auf S. 237 und 239. Allerdings kommt Weinhauer zu der interessanten These, dass gerade die übertriebene Informationsanhäufung der Behörden zur Geburt und Verankerung des Datenschutzes in der Bevölkerung geführt habe. Herold selber äußerte sich, er habe „einen Sauladen übernommen", der dringend der Modernisierung bedürfe. Vgl. Der Spiegel; Heft 44 / 1972; S. 65.
[331] BT-Drucksache 8/1881 vom 31.5.1978.
[332] Fahndungssonderdateien im polizeilichen und nachrichtendienstlichen Informationssystem wurden angelegt sowie verstärkte und regelmäßige Zusammenarbeit der Sicherheitsbehörden in Form von Berichten und Lagezentren eingeführt. Vgl. Beulke, Vereinigungen, S. 837 f.
[333] Die Verbindung zwischen linksradikalen Kräften und dem Anschlag der Palästinenser ist allerdings auch 1972 nicht von der Hand zu weisen. Mit einiger Unruhe registrierte das BMI: „Anhänger der KPD/ML versammelten sich […] in München und brachten u.a. ihre Solidarität mit der ‚Palästinensischen Befreiungsaktion' und der Geiselnahme zum Ausdruck." Sachstand vom 7.9.72, 9 Uhr [k. w. A.]; BArch B 106 / 146540. Auch die seit dem 15. Juni 1972 in Hannover festgenommene RAF-Terroristin Ulrike Meinhof publizierte aus dem Gefängnis heraus sympathisierende Schriften. Vgl. FN 10. Zur Quellenkritik und Überblick über entsprechende „Zellenzirkular[e]" vgl. Fetscher, Ideologien, S. 262 f.
[334] Korrespondent in Bonn für ידיעות אחרונות [Jedioth Ahronoth].

Forderung ebenso bereitwillig erfüllen wie es gestern im Falle der drei arabischen Terroristen geschehen ist?"[335]

Soweit die Akten dies erkennen lassen, hat es nach dem Flug der Terroristen nach Libyen kein Auslieferungsgesuch seitens der Bundesrepublik gegeben, obwohl noch heute ein internationaler Haftbefehl gegen die Drahtzieher der Anschläge besteht.[336] Israel kritisierte dieses Vorgehen der Bundesregierung scharf. Die offensichtliche Straffreiheit der Attentäter und Entführer wurde auch in einer israelischen Protestnote an den VN-Sicherheitsrat angeklagt.[337]
Auch aus der Bevölkerung mehrten sich Protestbriefe. Exemplarisch dafür ist der Brief des Wiener Verlegers Stefan Harpner an den dortigen deutschen Botschafter:

> „Fand eine Gerichtsverhandlung statt, bei der das zuständige Gericht diese Terroristen tatsächlich freigab? […] Oder kann in Deutschland die Exekutive jeden, der sich zufällig in Untersuchungshaft befindet, auf ähnliche Weise in der Luft verschwinden lassen?"[338]

Währenddessen verkündete Bundesinnenminister Genscher im Wahlkampf, dass die Bundesregierung „mit außerordentlichem Nachdruck bei der libyschen Regierung eine Bestrafung dieser jüngsten Flugzeugentführer verlangt"[339] habe. Kein Wort verlor er jedoch zu einem Auslieferungsgesuch.
Der Briefwechsel zwischen den Ministerien offenbart abermals den schon besprochenen Ressortstreit. Das Bayerische Innen- und Justizministerium zeigte sich bestürzt darüber, dass die Verhandlungsführung der Bundesregierung zu diesem rechtlichen Fiasko geführt hatte, zumal die Bayerischen Behörden nur einem Zug-um-Zug-Austausch zugestimmt hatten. Da zudem die Haftbefehle der Staatsanwaltschaft München unverändert Gültigkeit hatten, prüften „staatsanwaltschaft und justizministerium, ob sie bei der bundesregierung die stellung eines auslieferungsantrags anregen."[340]
In Bonn sah man die Angelegenheit dagegen wesentlich pragmatischer:

> „Die Erfolgsaussichten wären gleich Null, das Stellen eines Auslieferungsantrags also reine Augenwischerei; außenpolitisch hätte ein solcher Antrag – im Verhältnis zu

---

[335] Transkription der Bundespressekonferenz vom 31.10.72, geleitet von Pressesprecher Rüdiger Freiherr von Wechmar; PA B 36 / 501. Von Wechmar reagierte sehr ausweichend und gereizt auf die Frage.
[336] Vgl. Focus; Heft 7 / 2005; S. 37.
[337] Vgl. Protestnote des ständigen Repräsentanten Israels bei den VN an den Präsidenten des VN-Sicherheitsrats vom 30.10.72; PA B 36 / 508.
[338] Brief von Stefan Harpner an den deutschen Botschafter in Wien vom 3.11.72; PA B 36 / 505.
[339] BM Genscher in einer Wahlkampfdiskussion in Kassel am 2.11.72; gesendet in der Tagesschau um 20 Uhr, Transkription des BPA; PA B 36 / 501.
[340] FS vom 3.11.72; PA B 36 / 501.

Libyen – nur negative Auswirkungen, ohne daß damit andererseits irgendein positives Resultat verbunden wäre."[341]

Wie sehr die außenpolitischen Ereignisse das Rechtsempfinden beeinflusst hatten, offenbart ein Brief von Staatssekretär Frank an Außenminister Scheel: „Wir sollten froh sein, daß sich die ganze Angelegenheit gegenüber den arabischen Staaten und auch Israel hinreichend beruhigt hat. Wir sollten nicht von uns aus das Problem wieder erwecken."[342] Diese Meinung trug sich offenbar bis ins Bundeskabinett, wo die Auslieferungsfrage am 27. November 1972 erörtert wurde. So „betont [Bundeskanzler Brandt], daß auch andere Staaten kein Auslieferungsersuchen zu stellen pflegen, wenn dieses völlig aussichtslos erscheint."[343] Damit war die Entscheidung zur Passivität von höchster Stelle getroffen.

Aus langfristiger Perspektive bleibt zu schlussfolgern, dass der nationale Terrorismus weitaus größere Impulse auf die Innenpolitik ausübte als der internationale Terrorismus. Die eingeleiteten Maßnahmen, wie das Verbot von GUPS und GUPA, Verschärfung der Einreise- und Ausweisungsbestimmungen sowie der verstärkte Personen- und Objektschutz waren in erster Linie dem Handlungszwang geschuldet. Die aufgezeigten strukturellen Probleme trugen dazu bei, dass innenpolitische Maßnahmen sich stark negativ auf die Außenpolitik auswirkten. Einzig die schon von den Anschlägen erörterte Gründung der GSG 9 war ein langfristig konzipiertes und strukturellen Kernproblemen begegnendes Instrument, das durch die Anschläge eingeleitet wurde. Die verschränkte Behandlung des nationalen und des internationalen Terrorismus führte 1972 jedoch nicht zur Ausprägung neuer Rechtsinstrumente. Ebenso wie in der Haltung zur Auslieferungsfrage wird eine latente, auf kurzfristige Deeskalation ausgerichtete Passivität im Regierungshandeln deutlich.

II.4 Außenpolitik: „Das Leben geht weiter!"[344]

Es liegt auf der Hand, dass bei einer Studie zum Internationalen Terrorismus der Außenpolitik eine zentrale Rolle zukommt. Die schlicht unüberschaubare Menge von bi- und multilateralen Kontakten in vielen Politikfeldern macht es schwer, ein umfassendes Urteil über das internationale Engagement der sozial-liberalen Regierung auf dem Gebiet des Internationalen Terrorismus zu fällen. Auch der Zeitraum wirft Probleme auf, zumal gerade die multilateralen

---

[341] Handschriftliche Randnotiz des zuständigen Referenten am FS vom 3.11.72; PA B 36 / 501.
[342] Brief StS Frank an BM Scheel vom 13.11.72; PA B 36 / 501.
[343] Auszug aus dem Protokoll der Sitzung des Bundeskabinetts am 21.11.72; PA B 36 / 501.
[344] Handschriftliche Notiz BM Scheel vom 6.9.72; PA B 1 / 509.

Verhandlungen sehr langwieriger Natur waren und manchmal erst nach Jahren Früchte trugen oder versandeten. Gelegentlich reichen entsprechende Vorgänge auch bis in die Dokumentensperrfrist hinein. Daher soll das zentrale Augenmerk den beiden größten diplomatischen Konflikten gewidmet werden: mit Israel und der arabischen Welt[345]. Auf multilateraler Ebene ist eine Betrachtung nur kursorisch möglich und muss auf die Initialaktivitäten der Bundesrepublik in den Vereinten Nationen (VN) und auf europäischer Ebene beschränkt werden.

Schon vor dem Anschlag vom 5. September 1972 erfuhr die westdeutsche Außenpolitik im Zusammenhang mit den Olympischen Spielen massive Probleme. An der Frage der Teilnahme der rhodesischen Olympiamannschaft drohten beinahe die gesamten Spiele zu scheitern, und die Hymne der teilnehmenden DDR-Mannschaft warf schwere protokollarische Probleme auf.[346] Kurz: Die Olympischen Spiele waren schon vor ihrem Beginn „von einem sportlichen Forum in ein politisches Forum verwandelt"[347] worden.
Nach dem Anschlag waren die Reaktionen aus dem Ausland sehr vielfältiger Natur. Aus Mailand meldete der deutsche Generalkonsul unter anderem die Haltung „Da sieht man's, die Deutschen können nur schießen"[348]. Andererseits wurde der Generalkonsul in New York von einem Rabbiner vor versammelter Gemeinde aufgefordert, den

> „Dank der Juden zu übermitteln, dass sie [sc. die Bundesregierung] sich nicht der Erpressung gebeugt habe, sondern ihr mit Waffengewalt entgegengetreten sei. Seit 1938 gelte München als Symbol des Appeasement, einer politischen Haltung, die dem Judentum damals und in seiner ganzen Geschichte schwersten Schaden zugefügt habe. Diese Haltung müsse der Vergangenheit angehören."[349]

---

[345] Der Begriff ‚arabische Welt' als kultureller Raum ist bewusst unscharf, wie er auch in zeitgenössischen Dokumenten verwendet wurde.
[346] Über 30 afrikanische Staaten drohten mit einem Boykott der Spiele, da Rhodesien die Apartheid unterstützte. Auch nicht-afrikanische Staaten signalisierten, sich in dieser politischen Frage solidarisch zu zeigen. Bis vier Tage vor Beginn der Spiele war unklar, ob die Spiele mangels Beteiligung abgesagt werden mussten. Unter anderem lag auch hier ein Kompetenzstreit verborgen. Das massiv gedrängte AA hatte sich erst sehr spät eingeschaltet und beharrte darauf, dass die Bundesregierung das nichtpolitische IOK nicht beeinflussen dürfe. Letztlich gab das IOK dem politischen Druck nach und schloss die rhodesische Mannschaft von den Spielen aus. Vgl. Vorgang ‚Rhodesien' in PA B 36 / 391.
[347] Leserbrief in Der Spiegel; Heft 39 / 1972; S. 7.
[348] Brief des deutschen Generalkonsuls in Mailand an die Protokollabteilung des AA vom 12.9.72; PA B 36 / 505.
[349] Bericht des deutschen Generalkonsuls in New York an das AA vom 11.9.72; PA B 36 / 505.

Doch trotz dieser vereinzelten Zustimmung war in erster Linie scharfe Kritik an der Bundesregierung zu verzeichnen. Die Voraussetzungen für ein außenpolitisches Krisenmanagement waren personell günstig, zumal Bundeskanzler Brandt bis 1969 Außenminister gewesen war. Dazu äußerte sein Nachfolger Walter Scheel: „Das Bundeskanzleramt besteht von A bis Z [...] aus Leuten des Auswärtigen Amts: Kanzler, Staatssekretär, alle Mitarbeiter, persönliche Referenten – rasserein Auswärtiges Amt."[350] Der Chefdiplomat selber, Walter Scheel, hatte eher den Ruf des zufälligen Außenministers, dessen Amt sich aus Proporzgründen und parteipolitischem Kalkül ergab. Manfred Görtemaker urteilt über seine Ernennung: „Walter Scheel erhielt [...] das Auswärtige Amt [...] obwohl Scheel von Außenpolitik eigentlich nichts verstand."[351]

II.4.1 Israel – „eruptive Emotionen"[352]

Die Veranstaltungen und Feierlichkeiten zum 40-jährigen Bestehen der Aufnahme diplomatischer Beziehungen zwischen der Bundesrepublik und Israel im Jahr 2005 haben deutlich gemacht, dass diese Beziehungen immer noch von außergewöhnlicher und emotional aufgeladener Natur sind. Während die beiden ‚Staatsgründer' Konrad Adenauer und David Ben Gurion ein sehr persönliches Verhältnis zueinander pflegten[353], musste der glücklose Bundeskanzler Ludwig Erhard kurz nach Amtsantritt eine schwere außenpolitische Krise bewältigen. 1964 machte der ägyptische Präsident Nasser bekannt, dass die Bundesrepublik geheime Waffenlieferungen nach Israel unterhielt, während gleichzeitig deutsche Techniker in Ägypten Flugzeuge und Raketen für die arabische Welt entwickelten: Erhard setzte „sich in alle bereitstehenden Fettnäpfchen zugleich."[354] In der Folge wurden 1965 zwar ständige diplomatische

---

[350] Walter Scheel auf der Vorstandssitzung der FDP in Saarbrücken 1970; zit. n. Baring, Machtwechsel, S. 305; vgl. a. Schöllgen, G.: Die Außenpolitik der Bundesrepublik Deutschland. Von den Anfänger bis zur Gegenwart; München ³2004; S. 103.
[351] Görtemaker, Bundesrepublik, S. 501.
[352] FS von BO von Puttkamer vom 1.12.72; PA B 1 / 509.
[353] Zur anfänglichen Entwicklung der deutsch-israelischen Beziehungen vgl. die Monographie des späteren deutschen Botschafters Hansen, N.: Aus dem Schatten der Katastrophe. Die deutsch-israelischen Beziehungen in der Ära Konrad Adenauer und David Ben Gurion. Ein dokumentierter Bericht; Düsseldorf 2002.
[354] Noack, P.: Ludwig Erhard; in: Die deutschen Kanzler. Von Bismarck bis Schmidt; hg. v. W. v. Sternburg; Königstein 1985; S. 402. Die geheimen Waffenlieferungen fanden seit 1957 statt. Bei dem berühmten Treffen zwischen Adenauer und Ben Gurion 1960 in New York wurde ein informelles Abkommen zwischen der Bundesrepublik und Israel vereinbart. Maßgeblicher Unterhändler war Franz Josef Strauß. Erhard wurde erst bei Amtsantritt informiert. Vgl. die Biographie von Hentschel, V.: Ludwig Erhard. Ein Politikerleben; München u. a. 1996; S. 759-772.

Beziehungen zu Israel aufgenommen, jedoch auch die Beziehungen zu zehn arabischen Staaten abgebrochen.[355]

Natürlich war auch dem vormaligen Außenminister Willy Brandt die besondere diplomatische Situation bewusst. 1970 schrieb er: „Ich teile die Auffassung, daß man die deutsch-israelischen Beziehungen noch nicht mit den gleichen Maßstäben messen kann wie die Beziehungen zu anderen Ländern."[356] Allerdings war der Außenpolitiker Brandt, geprägt durch seine Zeit als Regierender Bürgermeister von Berlin zur Zeit des Mauerbaus[357], wesentlich stärker um Themen der so genannten ‚Neuen Ostpolitik' als um den deutsch-israelischen Dialog oder den Nahostkonflikt bemüht. Erst 1973, mit dem ersten offiziellen Besuch eines deutschen Bundeskanzlers in Israel[358], gewann das Thema an politischer Tiefe. Soweit erkennbar, wurde jedoch der Anschlag auf die israelische Olympiamannschaft bei diesem Besuch nicht thematisiert.[359]

Am Tag des Anschlags von München ließen Bundeskanzler und Bundespräsident ihren israelischen Amtskollegen eine persönliche Note durch den deutschen Botschafter von Puttkamer übergeben. Willy Brandt äußerte darin „große Bestürzung" über „den empörenden Anschlag".[360] Ein Gespür für das, was kommen würde, drückte der Botschafter in seinem Bericht zur Übergabe der Noten aus. Während Ministerpräsidentin Golda Meïr „nicht de[n] geringste[n] vorwurf an die adresse der bundesregierung" richtete und zudem den Botschafter „in einer tiefbewegten stimmung […] sofort [habe] fuehlen lassen, wie schwer sie dieses ereignis getroffen" habe, ließ Präsident Shazar deutlich härtere Worte anklingen:

---

[355] Einen Überblick über die Problematik liefert Pfetsch, F.: Die Außenpolitik der Bundesrepublik 1949-1992; München ²1993; S. 165 f. oder Hansen, Katastrophe, S. 691-824.

[356] Brief Willy Brandt an Bundesarbeitsminister Walter Arendt vom Februar 1970; WBA / BK 34, 65 f.

[357] Vgl. Brandt, W.: Begegnungen und Einsichten. Die Jahre 1960-1975; München u. a. 1975; S. 17.

[358] Bereits 1966 war Konrad Adenauer als Bundeskanzler a. D. nach Israel gereist. Ende der 1960er kam es zu ersten Besuchen auf Parlamentarierebene, und 1970/71 besuchten sich die Außenminister gegenseitig. Vgl. BA 6; bearb. v. F. Fischer; Bonn 2005; S. 78 sowie die Informationen des Auswärtigen Amts: online unter http://www.auswaertiges-amt.de/www/de/laenderinfos/40jahre_bezisr/chronologie_html; Stand vom 27.1.2006.

[359] Zum Brandt-Besuch vom 7.6. bis 11.6.73 in Israel vgl. BA 6; S. 78-81. Vgl. die Erklärung des Bundeskanzlers vor dem Deutschen Bundestag nach seiner Reise am 18.6.73; Ebd. Dokument Nr. 76; Ebenso die etwas unkritische, kommentierte Quellenedition Der deutsch-israelische Dialog. Dokumentation eines erregenden Kapitels deutscher Außenpolitik; hg. v. R. Vogel; Bd. 1; München u. a. 1987; S. 453-457. Zu den deutsch-israelischen Regierungsgesprächen vgl. AAPD 1973 / II; S. 956-965.

[360] FS an Botschafter von Puttkamer vom 5.9.72; PA B 36 / 506.

> „er hoffe, dass die deutsche regierung sich ihrer verantwortlichkeit gewachsen zeigen werde, die sie mit der ausrichtung der olympischen spiele auf sich genommen habe. ‚die deutsche regierung ist jetzt gefordert, ich weiss sonst nicht, was geschieht, wenn sie sich ihrer verantwortung nicht gewachsen zeigt.'"[361]

Dessen ungeachtet war das ausgesprochen kurze Beileidstelegramm von Willy Brandt an Golda Meïr am Folgetag in schmucklos-offiziellem Duktus gehalten. Persönliche Worte, die der Dimension der besonderen Beziehungen zu Israel Ausdruck verliehen hätten, fehlten ganz, obwohl Willy Brandt den Text mehrfach selbst überarbeitet hatte.[362] Emotionaler und wortreicher nahm sich dagegen die Botschaft von Bundespräsident Heinemann an seinen Amtskollegen aus.[363]

Außenminister Scheel sah am Tag nach dem Anschlag keinen besonderen diplomatischen Handlungsbedarf. Er notierte zur Aufforderung, die diplomatischen Beziehungen zu Israel und der arabischen Welt zu prüfen lediglich: „Das Leben geht weiter!"[364] Dass sich führende Beamte im AA schon früh über die heikle diplomatische Situation im Klaren waren, zeigt der Hinweis von Staatssekretär von Braun am 6. September 1972. Darin wies von Braun darauf hin, dass Bundesinnenminister Genscher „dezidiert […] nicht" an den Trauerfeierlichkeit in Israel teilnehmen solle, da dieser „von der israelischen Öffentlichkeit als Verantwortlicher betrachtet werde."[365] Zudem wurde Außenminister Scheel darauf hingewiesen, dass von allen ausländischen Reaktionen das „leidenschaftlichste Echo"[366] in Israel stattfände.

Wie euphemistisch diese Charakterisierung ist, bringen die zahlreichen Berichte des deutschen Botschafters in Tel Aviv zum Ausdruck, u. a. zum Pressespiegel in Israel:

> „dass man hier […] sofort die geistige verbindung zu der judentragoedie in deutschland herstellen wuerde, ist sogleich […] in einem die deutsch-israelischen beziehungen schwer belastenden ausmass zum ausdruck gekommen."

Israelische Fernsehkommentatoren in München berichteten über „hysterie und unbeherrschtheit der deutschen polizei im olympischen dorf" und verkündeten mehrfach: „wieder fliesst juedisches blut in deutschland". Ebenso

---

[361] Alle Zitate im Fernschreiben mit Bericht des Botschafters von Puttkamer vom 5.9.72, 16.45 Uhr über die Zusammenkunft mit Meïr und Shazar; PA B 36 / 506.
[362] Vgl. handschriftlich korrigierter Text für das Beileidstelegramm an Golda Meïr in WBA BK / 53, 138.
[363] Beide Kondolenztelegramme vom 6.9.72; PA B 1 / 509.
[364] Handschriftliche Notiz BM Scheel vom 6.9.72; PA B 1 / 509.
[365] Fernmündliche Mitteilung StS von Braun an BM Scheel; verschriftlicht vom Leiter des Leitungsstabs Hofmann am 6.9.72; PA B 1 / 509.
[366] Lagebericht über Reaktionen aus dem Ausland als Sprechzettel für BM Scheel, verf. von Hofmann und Brunner am 6.9.72; PA B 1 / 509.

zog die große Tageszeitung מעריב[367] die Verbindung zu München als Keimstadt der Hitlerbewegung, wo „das grosse judengemetzel ein[setzte]". Der israelische Innenminister Josef Burg kommentierte: „Von nun an liegt München leider in der Nähe von Dachau."[368] Auch die Zeitung ידיעות אחרונות[369] sah schwere Sicherheitsversäumnisse bei den deutschen Organisatoren: „es stellt sich jetzt heraus, dass die deutschen für alles ausser fuer die sicherheit ihrer gaeste gesorgt haben."[370]

Der für einen Informationsaufenthalt vom 2. bis 7. September 1972 in Israel befindliche VLR Redies urteilte zwar: „Die Ereignisse in München beeinträchtigen die Gespräche nicht"[371], was im Nachhinein aber eher als Geste der politischen Höflichkeit seitens Israels bewertet werden muss.[372] Zunächst stellte „sich das offizielle Israel [...] vor die Deutschen."[373] Wie sehr es jedoch hinter den Kulissen zu Unmut gekommen war, zeigt die nächste Stufe der Krise, ausgelöst durch die am 19. September vorgelegte Dokumentation der Bundes- und Landesregierung zu den Ereignissen in München. Die laut Botschafter von Puttkamer „gewoehnlich gut informierte" Zeitung[374] הארץ schrieb: „jerusalem [ist] über diesen bericht erschuettert. [...] es ist klar, dass der bericht in jerusalem grossen zorn erweckt hat." Ministerpräsidentin Meïr ließ über ihren Pressesprecher „ihre unzufriedenheit"[375] erklären. Die von ihr beauftragte Untersuchungskommission weigerte sich, das Dokument als Beweisstück in ihre Arbeit aufzunehmen.[376] Weiterhin meldete הארץ, dass der Bericht der Bundesregierung sich

> „in absolutem gegensatz zu den berichten und rekonstruktionen, die sich in der hand der israelischen regierung befinden [stehe], und die von einer fuehrenden persoenlichkeit des nachrichtendienstes, die diese frage untersucht hat, uebergeben wurden."[377]

---

[367] [Ma'ariv] = Abendgebet
[368] Zit. n. Der Spiegel; Heft 38 / 1972; S. 4.
[369] [Jedioth Ahronoth] = Letzte Meldungen
[370] Alle Zitate und Übersetzungen im Fernschreiben von BO von Puttkamer an das AA vom 6.9.72, 19.23 Uhr; Leerzeichenfehler korrigiert. PA B 36 / 506.
[371] Bericht VLR Redies über seine Informationsreise in Israel vom 2. bis 7.9.72; verfasst am 18. September; PA B 1 / 508.
[372] Ähnlich formulierte später es auch die israelische Tageszeitung Haaretz vom 26.9.72; zit. n. Fernschreiben von BO von Puttkamer des gleichen Tages; PA B 1 / 509.
[373] Der Spiegel; Heft 38 / 1972; S. 94; Vgl. auch den gesamten, dieser Thematik gewidmenten Bericht; ebd.; S. 92-95.
[374] [Ha'aretz] = Das Land
[375] Alle Zitate zit. n. FS BO von Puttkamer an das AA vom 26.9.72; PA B 1 / 509.
[376] Vgl. FS BO Puttkamer an das AA vom 22.9.72; PA B 1 / 509.
[377] Zit. n. FS BO von Puttkamer vom 26.9.72; PA B 1 / 509.

Nach Angaben des Henzel-Berichts hat sich Mossad-Chef Zvi Zamir höchstwahrscheinlich selbst in Fürstenfeldbruck aufgehalten, der mit großer Sicherheit die israelische Regierung aus erster Hand informiert hat. In der Tat führte die Zeitung erstaunliche Details an, die erst viel später von deutscher Seite nicht mehr dementiert wurden:

> „u.a. stellt sich heraus, dass die polizisten sich nicht nur geweigert haben, in einem ueberraschungsangriff die israelischen geiseln zu befreien, sondern auch ihren ver[l]etzten kameraden, der von den arabern getroffen wurde und spaeter starb, zu retten."[378]

Die israelischen Medien begannen, die deutsch-israelischen Beziehungen grundsätzlich in Frage zu stellen. So wurde selbst Brandts Kniefall in Warschau 1970 als „unehrliche huldigungsgeste" umgedeutet, Brandt sei nach Bonn zurückgekehrt, „offensichtlich unbeeindruckt von deutschen verbrennungsoefen und juedischer asche."[379] Einige israelische Politiker intervenierten direkt bei den deutschen Entscheidungsträgern und forderten ultimativ den Abbruch der Beziehungen zur arabischen Welt.[380]

Als am 16. Oktober 1972 die Knesset nach der Sommerpause wieder zusammentrat, nutzte Golda Meïr die Gelegenheit, ausführlich Stellung zu nehmen. In ihrer 45-minütigen Rede ging sie detailliert auf den Bericht der deutschen Bundes- und Bayerischen Landesregierung ein und stellte diesem die israelischen Erkenntnisse gegenüber. Sie betonte „a basic misconception [...] of the security precautions [...] since it stands to reason that they ought to have taken into account the distinctive character of the olympics". Gerade im Hinblick auf „scope and international impact of the olympic games" und „the dimensions of the terrorist organizations in Germany"[381] hätten erhebliche De-

---

[378] Zit. n. FS BO von Puttkamer vom 26.9.72; PA B 1 / 509. Vgl. a. zum Abzug der Polizeikräfte aus der bereitgestellten Boeing ARD-Interview mit Polizei-Einsatzleiter Georg Wolf 1996; Tondokument (Zusammenschnitt); online unter http://www.olympia72.de/wolf.mp3; Stand vom 27.1.2006.
[379] Alle Zitate in einer Veröffentlichung der Israel Broadcasting Authority; übersetztes FS vom BPA an das AA; k. w. A.; PA B 36 / 501.
[380] Am 2.11.72 forderte der Deutsche Koordinierungsrat der Gesellschaften für christlich-jüdische Zusammenarbeit Bundeskanzler Brandt auf, die „arabischen Staaten notfalls durch Abbruch der Flugverbindungen, Handelskontakte und diplomatischen Beziehungen zu einer Bekämpfung des Terrorismus zu bewegen." Ähnlich forderte es auch die Jugendorganisation der liberalen Partei Israels in einem Schreiben an BM Scheel vom 14.9.72. Leitungsstableiter Hofmann erklärte in der Antwort vom 29.9.72, dass die Entfremdung der westlichen zur arabischen Welt „the main objective of the Munich massacre" sei und man daher nicht den Absichten der Terroristen folgen sollte. Alle Briefe in: PA B 1 / 509.
[381] Prime Minister's Statement at the Opening of the Knesset Winter Session; 16.10.72; hg. v. Press Bulletin Israel; PA B 36 / 505. Im Original ist der gesamte Text gesperrt geschrieben. Der Sprachgebrauch, zu dem auch die gelegentliche Wendung "war against terrorism"

fizite bestanden. Um Defizite auch von israelischer Seite deutlich zu machen, kündigte sie den Rücktritt dreier hochrangiger Sicherheitsbeamter an. Dies ist als Maßnahme umso bemerkenswerter, da in Deutschland keine einzige Führungsperson von ihren Aufgaben entbunden wurde. Sehr kritisch und indirekt an die Adresse der Bundesregierung gerichtet, betonte sie: „Expressions of emotion, however strong they may be, will not put an end to terrorism unless they are accompanied by action."[382]

Während sich die Premierministerin in öffentlicher Zurückhaltung übte, ging die öffentliche Irritation deutlich weiter. Mehrere Prominente wie z. B. der israelische Schriftsteller Ephraim Kishon kündigten an, ihre Reisen nach Deutschland abzusagen. Willy Brandt bemühte sich in einem persönlichen Brief, ihn umzustimmen:

> „Mir ist unverständlich, daß Ihre Anwesenheit in der Bundesrepublik Deutschland unerwünscht sein soll. Dies ist ein freies Land; Sie sind hier nicht in größerer Gefahr als anderswo. Sie können sicher sein, daß Sie in der Bundesrepublik Deutschland willkommen sind."[383]

Mitten in diese sich beschleunigende Verstimmung platzte die Nachricht der Freilassung der drei Terroristen von München am 29. Oktober 1972. Noch im Verlauf des Tages wurden schwere Proteste aus Israel gemeldet; Minister Israel Galili[384] kündigte an, Israel werde eine eventuelle deutsche Geldspende nach dem Anschlag von München nicht annehmen.[385] Tags darauf legte Außenminister Ebba Eban formellen Protest bei Botschafter von Puttkamer ein und beklagte die „'kapitulation' der bundesregierung gegenueber den arabischen terroristen"[386]. Der israelische Botschafter in der Bundesrepublik, Ben Horin, wurde wenig später „zur Berichterstattung"[387] nach Israel zurückgerufen – die außenpolitische Verstimmung war zu einer echten Krise ausgewachsen.

Nach dem Vorfall von Zagreb sah sich Außenminister Scheel nach langer Zeit des Schweigens veranlasst, am 30. Oktober 1972 im Ständigen Ausschuss des

---

gehört, offenbart im Vergleich zum Sprachgebrauch der deutschen Behörden und Medien ein sehr deutliches Bewusstsein von Terrorismus als eigenständiger politischer Kategorie.
[382] Ebd.
[383] Brief Willy Brandt an Ephraim Kishon vom 26.9.72; WBA BK / 41, 65[a].
[384] Galili war langjähriger ‚Minister ohne Portefeuille' des eher rechten Spektrums. Vgl. Bericht aus BO von Puttkamer vom 21.11.72; PA B 1 / 509.
[385] Vgl. Vermerk mit Chronologie vmtl. aus dem Krisenstab des AA vom 29.9.72; s. Einträge zu 19.30 und 22.30 Uhr über Telefonate mit BO von Puttkamer; PA B 36 / 501. Die Spende für die Hinterbliebenen der Opfer sollte 3,2 Mio. DM umfassen; vgl. PA B 36 / 506.
[386] Nachrichtliches FS über BPA-Verteiler vom 30.9.72; PA B 36 / 501.
[387] Handschriftlicher Vermerk vom 31.10.72 über Telefonat mit BO von Puttkamer; PA B 36 / 508.

Bundestages Stellung zu beziehen und betonte, die „erhobenen Verwürfe einer ‚Kapitulation' g[ing]en [...] an der Sache vorbei." Vielmehr verwies Scheel auf die restriktiven innenpolitischen Maßnahmen, und drückte die „Hoffnung" aus, dass „nunmehr die Konfliktparteien die völkerrechtlichen Grundsätze respektieren und ihre Aktivitäten nicht auf das Territorium der Bundesrepublik Deutschland erstrecken" mögen.[388] Außerdem seien die Friedensbemühungen ohnehin auf EG-Ebene am besten aufgehoben. Israel wird nicht namentlich erwähnt, von der besonderen Verantwortung Deutschlands für die besonderen Beziehungen zu Israel ganz zu schweigen. Im Hinblick auf die deutsch-israelischen Beziehungen ist es diplomatisch fast grob, Israel mit palästinensischen Terroristen in einem Atemzug als „Konfliktpartei" gleichzustellen. Besonderen Handlungsbedarf vermerkte Scheel auch hier nicht. Diese Passivität des Außenministers und Vizekanzlers erinnert stark an seine Bemerkung vom 6. September – „Das Leben geht weiter!"[389] – die auch hier im Raum zu stehen scheint.

Die Antwort kam prompt. Botschafter von Puttkamer verfolgte entsetzt die Debatte in der Knesset: „sehr harte Angriffe gegen BRD und Bundeskanzler persönlich." Ein Mitarbeiter der Zentrale in Bonn notierte den Verlauf des Telefonats mit Tel Aviv: „Ausmass der Angriffe und Schärfe ginge weit über Erwartungen hinaus; seit 1952 keine Parallele. [...] Die Presse tobe. [...] v. Puttkamer bittet dringend um Weisung auf seinen gestrigen [...] Bericht".[390]

Noch am gleichen Tag sprach der israelische Botschafter Ben Horin bei Außenminister Scheel vor, der allerdings nicht von seiner bisherigen Position abrückte:

> „Der Herr Minister erwiderte, dass sich die Haltung der Bundesrepublik zum weltweiten Problem des Terrorismus seit den Ereignissen des vergangenen Sonntags[391] nicht geändert habe, sondern eher noch härter geworden sei. Nicht zuletzt als Folge der scharfen deutschen Sicherheitsmassnahmen seien ja auch seit München keine Terrorakte auf dem Boden der Bundesrepublik mehr vorgekommen."[392]

Auf die Differenzen der Untersuchungsberichte ging Scheel nicht ein, sondern rechtfertigte das Verhalten der Bundesregierung und äußerte „Erschrecken" über „[m]anche Formulierungen", jedoch auch „Verständnis für die israelische

---

[388] Alle Zitate im Sprechzettel BM Scheel für die Sitzung des Ständigen Ausschusses im Deutschen Bundestag am 30.10.72;
[389] Handschriftliche Notiz BM Scheel vom 6.9.72; PA B 1 / 509.
[390] Handschriftlicher Vermerk über Telefonat mit BO von Puttkamer am 31.10.72; PA B 36 / 508.
[391] Tag des Anschlags von Zagreb; 29.10.72.
[392] Aufzeichnung der Vorsprache von BO Ben Horin bei BM Scheel am 31.10.72 um 18 Uhr; PA B 1 / 509.

Reaktion".[393] Während der damalige israelische Post- und Verkehrsminister Shimon Peres noch öffentlich über „Sanktionen gegen Deutschland" diskutierte, teilte Regierungssprecher von Wechmar auf die Nachfrage, wie man der anhaltenden Verstimmung begegnen wolle, mit: man solle „abwarten, bis der aufgewirbelte Staub sich wieder gelegt hat."[394]

Am 6. November schließlich schaltete sich der Bundeskanzler selbst in einer persönlichen Botschaft an Golda Meïr ein, in der er mitteilte, dass er angesichts der israelischen Kritik „schmerzhaft berührt" sei und „mit Nachdruck [...] Parallelen zu einer verbrecherischen Periode deutscher Politik"[395] widersprach. Eingeständnisse oder Entgegenkommen gegenüber der auch sachlichen israelischen Kritik ließ er unerwähnt.

Entgegen der Hoffnung auf sich abkühlende Gemüter erregte in den Folgetagen eine Meldung über grobe Missgeschicke bei der Errichtung einer Gedenktafel im Olympischen Dorf die israelische Öffentlichkeit. So war die Tafel statt mit einem Davidstern mit einem Kreuz versehen worden. Zudem wurden Namen falsch geschrieben oder gar verwechselt, so dass auch ein Trainer, der gar nicht getötet worden war, auf der Tafel erschien.[396] Zwar lag die Verantwortung für die Tafel nicht bei der Bundesregierung, doch beweist dieser Vorfall erneut peinliche Unkenntnis in Nahostfragen und mangelndes Fingerspitzengefühl in einer höchst sensiblen Beziehung.

Am gleichen Tag wiederholte der aus Israel zurückgekehrte Botschafter Ben Horin gegenüber Staatssekretär Frank mit harten Worten seine Position, die auch scharf die sich abzeichnende Unterlassung eines Auslieferungsgesuchs an Libyen kritisierte:

> „Dem Frieden im Nahen Osten sei es nicht dienlich, wenn bestimmte Regierungen glaubten, ihnen bleibe eine Mitverantwortung für den Terrorismus erspart. [...] [E]r [sc. Ben Horin] sei nicht begeistert, dass sich die Frage der Auslieferung der Attentäter wie vom Herrn Staatssekretär erwähnt im Wahlkampf stelle, aber der arabische Terrorismus sei nicht ‚in Urlaub gegangen'. [...] Würden jetzt die Geschäfte wie üblich weitergeführt?"[397]

---

[393] Ebd.
[394] Interview mit von Wechmar am 4.11.72 sowie mit Shimon Peres am gleichen Tag; beides veröffentlicht durch die Israel Broadcasting Authority; PA B 36 / 501.
[395] Botschaft von Willy Brandt an Golda Meïr vom 6.11.72; PA B 36 / 501.
[396] Meldung über den Protest der Angehörigen der getöteten Athleten von München aufgrund der fehlerhaften Mahntafel vom 15.11.72; FS vom BPA; PA B 36 / 505. Die korrigierte Tafel befindet sich noch heute vor der ehemaligen israelischen Unterkunft im Olympischen Dorf.
[397] Aufzeichnung der Vorsprache von BO Ben Horin bei StS Frank am 15.11.72 um 10.15 Uhr; PA B 1 / 509; auch in B 1 36 / 501.

Das Gespräch der beiden Diplomaten verlief in einem ungewöhnlich scharfen Wortwechsel. Staatssekretär Frank ging jedoch auf keine einzige Detailfrage ein und gab somit auch keinen Millimeter diplomatischen Boden preis. Statt konkreten Ansätzen offerierte der Staatssekretär nicht weiter ausgeführte Grundsatzfloskeln: „In der Frage des Terrorismus sei zu unterscheiden zwischen unserer prinzipiellen Haltung und den Schlussfolgerungen" oder: „Wir seien [...] seit 1933 in unserem Verhältnis zur Macht philosophischer geworden."[398]

Als kurz darauf Details über das Gespräch an die Nachrichtenagentur AFP gingen, warfen die deutschen Beamten dem israelischen Botschafter unverhohlen – und im Nachhinein unbegründet – Indiskretion vor.[399] Umso härter konterten die israelischen Medien, als Ende November in Frankfurt am Main ein kanadisches Flugzeug entführt werden sollte. Das Einsatzkommando der Polizei ging nicht auf die Forderungen der Entführer ein. Dies stand den Beteuerungen zum Einsatz von Zagreb gegenüber, dem Leben der Geiseln in jedem Falle Vorrang zu geben. Nicht ganz unverständlicherweise titelte die Zeitung [400]מעריב mit „Doppelzüngigkeit".[401]

Erst mit Jahresbeginn begannen die gegenseitigen Verstimmungen abzuebben, und im Juli 1973 stand dem Besuch Willy Brandts als erster deutscher Regierungschef in Israel nichts mehr im Wege. Im Rückblick jedoch kann man sich den Worten des zusammenfassenden Berichts von Botschafter von Puttkamer anschließen, der die „eruptiven Emotionen" betonte: „Die erzwungene Freilassung der drei Attentäter von München hat zu der schwersten Krise zwischen der Bundesrepublik Deutschland und Israel seit Herstellung der diplomatischen Beziehungen im Jahre 1965 geführt."[402] Dennoch betonte er, dass es sich um eine von israelischer Seite aus „kalkulierte Krise"[403] gehandelt habe und ein Abbruch der diplomatischen Beziehungen niemals ernsthaft erwogen worden war. Inwiefern die schweigende Konfrontation der deutschen Behörden kalkuliert war, ist nicht mehr nachvollziehbar. Allerdings zeigt die seinen Berichten beigelegte Sammlung von Zuschriften von Privatpersonen sehr eindrucksvoll auch die tief verwurzelten anti-deutschen Gefühle in der israelischen Öffentlichkeit. Mögen auch die diplomatischen Schwankungen kalkuliert gewesen sein, die „eruptiven Emotionen" waren es sicher nicht. Den Diplomaten hätte klar sein müssen, dass Diplomatie mehr Ebenen als die formal-politische umfasst, die daran Schaden nehmen können. Der DGAP-

---

[398] Ebd.
[399] Vermerk VLR Niemöller vom 17.11.72; PA B 1 / 509.
[400] [Ma'ariv]
[401] FS von BO von Puttkamer vom 28.11.72; PA B 36 / 505.
[402] FS von BO von Puttkamer vom 1.12.72; PA B 1 / 509.
[403] FS von BO von Puttkamer vom 21.11.72; PA B 1 / 509.

Präsident Kurt Birrenbach, der unter Bundeskanzler Ehrhard maßgeblich an dem Zustandekommen der diplomatischen Beziehungen zu Israel mitgewirkt hatte, sprach in einem stark von Kritik geprägten Brief an Walter Scheel davon, dass auch nach Abflauen der akuten Krise „tiefe Verbitterung in der Bevölkerung, aber auch in der Regierung" in Israel herrsche.[404]

Die außenpolitische Haltung in Bezug auf Israel war trotz mehrfacher Eskalation zunächst von „Indifferenz"[405] und Passivität und später von konfrontativer Beharrlichkeit geprägt. Konzeptionelle Ansätze zum Umgang mit dem Nahen Osten und dem Terrorismus sind nur schwach zu erkennen und spielten in den diplomatischen Kontakten ebenso wie die besondere Vergangenheit[406] der beiden Völker im Grunde keine Rolle. Trotz der großen Anzahl erfahrener Außenpolitiker im AA und BKAmt blieb die Krise mit Israel nachrangig und war – trotz des weltweiten medialen Echos – von innenpolitischen Gesichtspunkten geprägt. Auf dem vorläufigen Höhepunkt der Krise äußerte Bundeskanzler Brandt ohne jegliche Einschränkung: „Die Bundesrepublik steht in der Welt besser da als 69."[407]

II.4.2 Die Arabische Welt – „eskalierende Polemik"[408]

Die Beziehungen zur arabischen Welt befanden 1972 in einem desolaten Zustand. Nach Bekannt werden der deutschen Waffenlieferungen und Aufnahme der diplomatischen Beziehungen zu Israel 1965 hatten sie dauerhaften Schaden genommen. Dies führte zum Abbruch der diplomatischen Beziehungen zu insgesamt zehn arabischen Staaten. Zudem erkannten sechs der dreizehn Staaten der arabischen Liga die DDR an und entsandten Diplomaten.[409] Dies führte im AA zu einer weitgehenden Zurückstellung eigener Nahostpolitik, fortan bewegte sich die Bundesrepublik „auf UNO- bzw. EG-Linie"[410] und

---

[404] Brief Kurt Birrenbach, MdB, an Walter Scheel vom 7.12.72; PA B 1 / 509.
[405] Ebd.
[406] Birrenbach schreibt mit Hinweis auf gleichlautende Hinweise aus Isreal: „Die Erklärung [...], die Bundesrepublik stehe außerhalb des Nah-Ost-Konfliktes, [wird] der Besonderheit der deutsch-israelischen Beziehungen nicht gerecht." Ebd.
[407] Spiegel-Gespräch mit BK Brandt vom 25.9.72; erschienen in Heft 40 / 1972; zit. n.: Willy Brandt. Die SPIEGEL-Gespräche 1959-1992; hg. v. E. Böhme u. a.; Stuttgart 1993; S. 246. Auch in einem Interview am 6.10.72 mit der Mainzer ‚Allgemeinen Zeitung', in dem er zu „aktuelle[n] Probleme[n] der Innen- und Außenpolitik" befragt wurde, ging er mit keinem Wort auf die durch die Anschläge ausgelösten Spannungen ein. Vgl. Bulletin der BuReg vom 10.10.72; Nr. 141; S. 1701-1703.
[408] FS BO Steltzer vom 11.9.72; PA B 1 / 508.
[409] Vgl. Pfetsch, Außenpolitik, S. 166.
[410] Ebd.

unterstützte beispielsweise die VN-Sicherheitsratsresolution 242[411], die u. a. den Abzug israelischer Truppen aus den besetzten Gebieten forderte. In den späten 60er Jahren war die Außenpolitik unter Außenminister Brandt bemüht, wieder bilaterale Beziehungen zu den arabischen Staaten herzustellen. Ägypten spielte hier wegen seiner politischen und kulturellen Bedeutung im arabischen Raum eine besondere Rolle. Nach dem Bruch Präsident Al-Sadats mit den Sowjets 1972 strebte auch Ägypten wieder bilaterale Kontakte mit der Bundesrepublik an. Der neue Botschafter Steltzer hatte sein Beglaubigungsschreiben noch nicht übergeben, als ihn die Nachricht des Anschlags erreichte. Ebenso sollte auch die Antrittsreise des ägyptischen Außenministers Ghaleb, das als deutliches Zeichen der bilateralen Entspannung begrüßt wurde, Anfang September stattfinden.[412]

Noch während des Anschlags in München bemühte sich die Bundesregierung auf höchster Ebene um Hilfe aus der arabischen Welt. Bundeskanzler Brandt richtete einen eindringlichen Appell an die Regierungschef der arabischen Staaten, „alles in ihren kraeften stehende zu tun" und betonte: „die ganze welt erwartet von ihnen, dass sie ihren einfluss unverzueglich geltend machen."[413] Zuvor schon hatte sich das AA über die Auslandsvertretung in Tunis an die dortige Regierung gewandt und „um unterstuetzung und klaerung" sowie „einflussnahme" auf Abu Mohammed Talal gebeten, den die Attentäter von München in Tunis angerufen und als „Chef" tituliert hatten.[414] Vor Ort unterstützen der tunesische Botschafter sowie der Repräsentant der arabischen Liga die Verhandlungen. Ebenso versuchte Bundeskanzler Brandt am Abend, in direkten telefonischen Kontakt mit Ägyptens Präsident al-Sadat zu treten, musste aber Stunden später mit Ministerpräsident Sidki vorlieb nehmen. Alle diese Hilfsgesuche blieben jedoch ergebnislos. Während sich fast alle Staaten der westlichen und östlichen Hemisphäre noch am 5. September von dem Anschlag distanzierten und scharf verurteilten, schwiegen die arabischen Pressesprecher.[415]

Die erste Befürchtung im AA am Folgetag waren „Hassreaktionen in deutscher Bevölkerung und [eine] besonders scharfe Pressekampagne gegen Ara-

---

[411] VN-Dokumenten-Registratur: S/RES/242 (1967).
[412] Zum Wandel in der Vereinigten Arabischen Republik (Ägypten) sowie arabische Mittelmeeranrainer vgl. v. a. die Akten in PA B 36 / 402 und 403 sowie das FS von BO Steltzer aus Kairo vom 6.9.72; PA B 1 / 509.
[413] Telex vom 5.9.72 als Abschrift für das Ministerbüro Scheel; PA B 1 / 509.
[414] Alle Zitate: FS Lagezentrum AA (VLR Niemöller) an AV Tunis vom 5.9.72; PA B 36 / 506.
[415] Lediglich der jordanische König Hussein distanzierte sich ausdrücklich. Vgl. a. Bericht BO Steltzer über sein Zusammentreffen mit Außenminister Ghaleb vom 6.9.72; PA B 1 / 508.

ber und arabische Regierungen". In außenpolitischer Hinsicht sah man die mediale Torpedierung der „auf Normalisierung" ausgerichteten Arabienpolitik der Bundesregierung voraus.[416] Die tatsächliche Wirkung wurde jedoch nicht antizipiert. Schon am 6. September meldete der sehr besorgte deutsche Botschafter Steltzer aus Kairo, dass der ägyptische Ministerrat über eine angebliche Äußerung von Bundesinnenminister Genscher beriete, er „wuerde alle 50.000 araber aus der bundesrepublik ausweisen."[417] Das kurz darauf stattfindende Antrittstreffen zwischen Steltzer und Außenminister Ghaleb, das in einer „angenehmen und liebenswuerdigen athmosphaere" stattfand, machte die Vielschichtigkeit der Ereignisse deutlich. Außenminister Ghaleb[418] beharrte, trotz seines wiederkehrenden Bekenntnisses für die deutsch-ägyptische Freundschaft mehrfach darauf, dass es „aber beim besten willen nicht moeglich sei, hierzu [sc. zum Anschlag] ein offizielles statement abzugeben."[419] Ein möglicher und nicht zu unterschätzender Hintergrund für das offizielle Schweigen auch gemäßigter arabischer Staaten ist der ‚Pakt der Liga der Arabischen Staaten' von 1945. Dieser „verpflichtete alle Mitglieder zu einer Außenpolitik, die nicht gegen die Interessen der anderen Mitglieder gerichtet sein durfte, und bekräftigte das Recht der Araber auf Palästina."[420]
Tags darauf verkündete ein ägyptischer Regierungssprecher: „die bundesregierung hat die hat die angelegenheit in muenchen nicht korrekt und weise gehandhabt und soll die konsequenzen tragen. [...] die westdeutsche regierung allein traegt die volle verantwortung"[421], da sie die Versprechen nicht gehalten habe, die den Palästinensern in München gegeben worden seien. Am selben Tag verurteilte unter anderem auch die libanesische Regierung im staatlichen Rundfunk die „doppelzuengigkeit" der Deutschen und betonte ebenso, dass die „brd allein fuer den tod der geiseln verantwortlich"[422] sei. Die deutsche Botschaft in Beirut wies allerdings umgehend auf die Missstände in den palästinensischen Flüchtlingslagern hin, die den Hass auf Israel zumindest erklär-

---

[416] Alle Zitate: Sprechzettel für die Kabinettssitzung vom 6.9.72 (VLR Niemöller, VLR Gentz) für BM Scheel; PA B 1 / 509.
[417] FS BO Steltzer an das AA vom 6.9.72. Die umgehende Antwort aus dem BMI lautete, die Vorwürfe seien „absolut unwahr"; PA B 36 / 506.
[418] غالب
[419] Vgl. Bericht BO Steltzer über sein Zusammentreffen mit Außenminister Ghaleb vom 6.9.72; PA B 1 / 508.
[420] Halm, H.: Die Araber; München 2004; S. 109. Zur Charakteristik und zum System der Arabischen Liga vgl. El-Salamoni, K.: Die Liga der Arabischen Staaten und die Vereinten Nationen. Das Verhältnis zwischen regionaler und universeller Organisation nach Kapitel VIII der Satzung der Vereinten Nationen; Diss. Heidelberg 2003; Kapitel 3. Ebd. im Anhang auch die englischsprachige Übersetzung des Paktes.
[421] Zit. n. dpa-Meldung vom 7.9.72; PA B 1 / 508.
[422] Zit. n. AFP-Meldung vom 7.9.72; PA B 36 / 509.

ten und betonte, dass die libanesische Regierung die PLO zur Zusicherung bewegt habe, lebensgefährdende Anschläge in Deutschland aufzugeben.[423]
Der Außenpolitiker Hans-Jürgen Wischnewski rief in einer Pressemitteilung vom 7. September 1972 zu einer „deutlichen Differenzierung"[424] auf. Er forderte die arabischen Staaten auf, wenn schon nicht durch Worte, dann doch durch Taten in ihrem Land dem Terrorismus den Nährboden zu entziehen. Tags darauf formulierte Klaus Harpprecht für Willy Brandt eine Ansprache für das internationale Fernsehen, in der genau diese Unterstützung thematisiert wurde: „meine regierung empfindet jede, auch jede verbale unterstuetzung des terrorismus als einen unfreundlichen akt, wie es die vorsichtige sprache der internationalen diplomatie ausdrueckt."[425]
In Ägypten wurde derweil der Außenminister ausgetauscht.[426] Der neue Amtsinhaber al-Sayyat[427] reagierte noch am Tag seiner Ernennung mit „sichtbarer Erregung" auf die Vorwürfe und ließ Botschafter Steltzer wissen: „seine regierung habe es nicht gern, wenn man ihr verhaltensvorschriften mache [...] er muesse fast befuerchten, dass israelisch-amerikanischer druck uns dabei beeinflusst habe."[428] In der Nachfolge eines zweiten Gesprächs am 11. September beklagte ein ägyptischer Regierungssprecher „that the west german government was interfering in its internal affairs by suggesting that it publicly condemn the arab commandoes' actions in munich."[429] Botschafter Steltzer urteilte, dass diese groben diplomatischen Angriffe wohl „offenbar unter dem druck von mitgliedern der arabischen liga, von der plo, und von aegyptischen kreisen, die sich der annaeherungspolitik an westeuropa widersetzen", entstanden seien und eine „eskalierende polemik" einleiten sollten. Steltzer erklärte, dass es „wenig sinn" mache, „durch weitere konzessionen und apologetische erklaerungen unsererseits eine eindaemmung dieser krise zu versuchen."[430] Dass das AA allerdings durch Untätigkeit nicht alle Probleme beheben konnte, zeigte die nachzuvollziehende Verärgerung des neuen

---

[423] Vgl. FS Beirut an das AA vom 7.9.72; PA B 1 / 509.
[424] Pressemitteilung Wischnewski vom 7.9.72; PA B 36 / 506.
[425] Telex BKAmt an den persönlichen Referent Brandts, Schilling, in Feldafing bei München vom 8.9.72 mit der von Harpprecht formulierten Rede für das ausländische Fernsehen; WBA / BK 9, 1-6. Es ist nicht restlos geklärt, ob Brandt diese Rede tatsächlich gehalten hat.
[426] Die genauen Gründe für den plötzlichen Wechsel waren nicht in Erfahrung zu bringen, jedoch ist eher unwahrscheinlich, dass ein unmittelbarer Zusammenhang zu dem Anschlag besteht.
[427] الزيــات
[428] FS BO Steltzer an das BKAmt und AA vom 9.9.72 über seine Unterredung mit Außenminister al-Sayyat; PA B 1 / 508.
[429] Ägyptischer Regierungssprecher zit. n. FS BO Steltzer vom 11.9.72; PA B 1 / 508.
[430] Alle Zitate: FS BO Steltzer vom 11.9.72; PA B 1 / 508.

Außenministers, dass die Einladung seines Vorgängers nach Bonn nicht – wie in diesen Fällen üblich – erneuert worden sei. Er teilte wenig später mit, dass er auf seiner Europareise Bonn nicht besuchen werde.[431] Steltzer kommentierte in einer Eilmeldung, dass der Außenminister dies entweder als „persoenliche unfreundlichkeit" oder als „politisches verhalten" gedeutet werden müsse, in jedem Falle aber sei es ein Signal, „dass der aegyptische aussenminister in bonn nicht mehr erwuenscht sei."[432]

Als die Bundesregierung in dieser aufgeheizten Situation den Sichtvermerkszwangs gegenüber Tunesien, Marokko und Libyen wieder einführte, goss sie weiteres Öl in das Feuer der anti-deutschen Propaganda in den betreffenden Ländern. Zwar wurde in einem Rundschreiben betont, dass man dies nicht als „repressalie auf den muenchen-anschlag" verstehen möge und man eine „weitere emotionalisierung"[433] der Angelegenheit vermeiden wolle. Jedoch vergeblich – mit den zunehmenden Beschwerden über Schikanen an den deutschen Grenzstellen verschärfte sich auch der diplomatische Ton: der Leiter der Westeuropaabteilung im ägyptischen Außenministerium erklärte, dass die „diskriminierenden massnahmen [...] kaum [zu] verstehen" seien und sprach – nicht ganz zu unrecht – vom „gespenst der arabischen kollektivschuld"[434] in Deutschland.

Die zunehmende Problematik der Grenzkontrollen und Ausweisungspraxis sowie die bereits erwähnte Abschiebung des Algeriers al-Frangieh ohne vorherigen konsularischen Beistand heizten die Verstimmungen weiter an. Anfang Oktober 1972, insbesondere nach der Verbotsverfügung von GUPS und GUPA, gaben sich die arabischen Botschafter im AA die Klinke in die Hand. Als irrtümlicherweise jordanische Staatsangehörige ausgewiesen wurden, sah sich auch das bislang zurückhaltende Königreich Jordanien zu einer Demarche genötigt.[435] Am 4. Oktober folgte die Demarche des tunesischen Botschafters bei Staatssekretär von Braun, da sich die tunesische Regierung, die über ihren Botschafter aktiv bei den Verhandlungen vom 5. September mitgewirkt hatte, durch die Neueinführung des Sichtvermerkszwangs ungerecht behandelt fühlte.[436]

---

[431] Vgl. dpa-Meldung vom 12.11.72; PA B 1 / 508.
[432] FS BO Steltzer vom 14.11.72. In aller Eile wurde schließlich ein Treffen zwischen Scheel und al-Sayyat am Rande VN-Generalversammlung in New York arrangiert. Vgl. FS BO Steltzer vom 18.9.72; beides in PA B 1 / 508.
[433] Ortex Nr. 92 vom 15.11.72; PA B 1 / 508.
[434] Zit. n. FS BO Steltzer vom 18.9.72; PA B 1 / 508.
[435] Vgl. Vermerk VLR Redies vom 3.10.72; PA B 1 / 509.
[436] Das Gespräch mit dem tunesischen BO und StS von Braun wurde sehr sorgfältig vorbereitet, da man nach dem Verbot von GUPS und GUPA noch heftigere Proteste fürchtete. Vgl. Materialsammlung zum Gespräch vom 4.10.72; PA B 36 / 509.

Retorsionsmaßnahmen gegen Deutschland kamen zuerst in Libyen zur Anwendung, wo keine Sichtvermerke für Deutsche mehr ausgestellt wurden und der Warenverkehr stark erschwert wurde. Weitere arabische Länder kündigten an, „diskriminierende Einreisebestimmungen ihrerseits zu erwidern."[437] Zwar bemühten sich die meisten arabischen Regierungen in der Hoffnung auf „verstärkte Wirtschaftsbeziehungen und Entwicklungshilfe" darum, die Krise nicht vollends eskalieren zu lassen. Jedoch gerieten auch die „gemäßigten und uns freundlich gesonnenen Regierungen […] unter den Druck der öffentlichen Meinung, die […] äußerst heftig reagierte."[438]

Zu berücksichtigen ist im Hinblick auf die ‚öffentliche Meinung' auch, dass Deutschland bis heute in der arabischen Welt einen hervorragenden Ruf aufgrund deutscher technischer Leistungen vor Ort[439], teilweise aber leider auch aufgrund der Ermordung von Millionen Juden unter Hitler genießt. Umso drastischer wirkt es, dass im Libanon Studenten in den Hungerstreik traten und Massenkundgebungen gegen Deutschland abhielten[440], in Algier die Botschaft und in Syrien die deutsche Schutzmachtvertretung gestürmt und Protesttelegramme an den Bundeskanzler erzwungen wurden. Auch aus Indien wurden Palästinenser-Demonstrationen gegen Westdeutschland gemeldet.[441] Zudem zeigen die Aktenbestände des AA eine wahre Flut an Protestschriften palästinensischer Verbände aus aller Welt.

Eine ausgesprochen aufschlussreiche und eindringliche Quelle sind auch einige Karikaturen der libanesischen Zeitung القبــــس[442], die im Anhang beigefügt sind. In steter Steigerung wird zunächst am 8. Oktober Willy Brandt als Stier dargestellt, der wutblind auf einen Torero mit der Capaaufschrift „عمليــه ميــــونيخ"[443] zuläuft. Zwei Tage später wird gezeigt, wie sich das Telefonkabel zwischen Golda Meïr und Willy Brandt um den Hals eines Arabers legt:

„خط هتفـــي مبـــاثربين المانيـــا الغربيـــتي وأسـرا يـا."[444]

---

[437] Vermerk VLR Niemöller über arabische Reaktionen nach dem Verbot von GUPS und GUPA vom 11.10.72; PA B 36 / 509.
[438] Ebd.
[439] Viele Eisenbahnlinien, Staudämme und andere Infrastrukturprojekte wurden von deutschen Ingenieuren seit dem 19. Jahrhundert im arabischen Raum umgesetzt.
[440] Vgl. FS Beirut an das AA vom 9.10.72; PA B 1 / 509.
[441] Vgl. FS Neu Delhi an das AA vom 3.11.72; PA B 36 / 509.
[442] [al-Qabbas] = glühende Kohle
[443] = Operation München; eig. Übers.; Anhang Abb. 1.
[444] = Eine direkte Telefonverbindung zwischen Westdeutschland und Israel; eig. Übers; Anhang Abb.2; Dies ist sicher auch eine Anspielung darauf, dass am 9.10.72 der „Selbst-

Ihren vorläufigen Höhepunkt erreichte die Karikaturenserie am Folgetag, den 12. Oktober 1972. Während im Hintergrund ein Araber in einem überdimensionierten Kochtopf auf offenem Feuer um Hilfe ruft, ist im Vordergrund Willy Brandt zu sehen, der kniend und betend Adolf Hitler um Verzeihung bittet:

"طريقتــــك إقتبســـــت!"[445]

Durch diese Art Angriffe aus Medien und Politik unter Druck gesetzt, forderte Botschafter Steltzer eine Erklärung des Bundeskanzlers, da die beschwichtigenden Äußerungen von Außenminister al-Sayyat nur bedingt repräsentativ seien. Die Direktorenbesprechung im AA lehnte jedoch das Gesuch Steltzers mit dem Hinweis darauf ab, dass auch beschwichtigende Äußerungen Scheels in der arabischen Presse nicht abgedruckt würden. Vielmehr sei eine stärkere Informationspolitik gegenüber den Auslandsvertretungen geplant, damit diese schneller auf die Angriffe reagieren könnten.[446] Wie schon im Hinblick auf Israel ist auch hier eine Hinhaltestrategie zu erkennen, die die Auslandsvertretungen mit ihren massiven diplomatischen Problemen alleine ließ. Aktive oder gar präventive Außenpolitik wurde auch hier nicht verfolgt.

In den Folgetagen steigerte sich der Unmut über die deutschen Verbotsmaßnahmen weiter. In Libanon formierten sich Tag für Tag Großkundgebungen. Dass diese Schwierigkeiten nicht nur regionaler Natur waren, sondern auch ganz andere Politikfelder berührten, zeigt sich daran, dass auch die DDR-Handelsvertretung in Beirut an der Organisation der Kundgebungen gegen die Bundesrepublik nicht ganz unbeteiligt gewesen sein dürfte.[447] Das Nahostreferat im AA registrierte: Die anti-deutsche Stimmung „wurde durch Ostberlin und Moskau nachdrücklich gefördert und mit zunehmendem Erfolg für ihre Deutschlandpolitik nutzbar gemacht."[448]

Auch die westdeutschen Industrien zeigten sich zunehmend besorgt, da sie „teilweise erhebliche Exportaufträge und Investitionen auf dem Spiele stehen" sahen. Staatssekretär Frank forderte VLR Redies daraufhin auf, „auf höchster Ebene" darauf hinzuwirken, eine „Normalisierung des Visa-Erteilungsverfahrens" einzuleiten, um die „überaus negativ[en]" Beziehungen zu beruhigen und den Vorwurf der „Pogromstimmung" zu entkräften.[449] Am gleichen

---

wählferndienst" zwischen Westdeutschland und Israel eingerichtet worden war; Bulletin der BuReg vom 11.10.72; Nr. 142; S. 1712.
[445] = Ich habe deine Art übernommen; eig. Übers.; Anhang Abb. 3.
[446] Vgl. FS BO Steltzer an das AA vom 12.10.72; PA B 1 / 509.
[447] Vgl. FS Beirut an das AA vom 13.10.72; PA B 1 / 509.
[448] Sachstandsvermerk Nahost; Referat I B 4; k. w. A.; PA B 36 / 508.
[449] Alle Zitate: Aufzeichnung VLR Redies für StS Frank vom 21.10.72; PA B 36 / 509.

Tag antworte Willy Brandt auf eine Intervention des Parlamentarischen Staatssekretärs für innerdeutsche Beziehungen, Karl Herold:

> „Gewiß gehört Tunesien, was das Palästina-Problem und die palästinensischen Terroristen angeht, zu den gemäßigten Staaten der arabischen Welt. Andererseits halten die Drohungen mit weiteren Terroranschlägen zur Zeit noch an. In dieser Situation lassen die zwingenden Erfordernisse der inneren Sicherheit die von Dir vorgeschlagene Ausnahme leider nicht zu."[450]

Die Auswirkungen dieser kompromisslos passiven und auf Zeit setzenden Außenpolitik zeigten sich umgehend bei der Entführung der Lufthansa am 29. Oktober 1972. Der zu den Verhandlungen um Hilfe gebetene Sekretär der Arabischen Liga in Bonn, Khatib, verhielt sich „unter Hinweis auf die schlechten Erfahrungen […] völlig ablehnend." „Er führte aus, er glaube nicht, daß sich irgendein in Bonn akkreditierter arabischer Botschafter oder überhaupt ein Araber zu einer Vermittlung bereitfinden werde. […] Es sei dieses Mal allein Sache der Deutschen, wie sie mit dem Problem fertig würden."[451] Auch die Zeitung القبس ließ es sich nicht nehmen, mit unverhohlenem Zynismus die Ereignisse zu karikieren. Am 30. Oktober zeigte sie die drei freigelassenen Terroristen, wie sie jubelnd auf einem am Boden kauernden Willy Brandt tanzen und kommentierte, dass dies nun „das Ergebnis der Olympischen Spiele von München"[452] sei.

Mehr als schon zuvor geriet nun Libyen in das Zentrum der diplomatischen Krise, da dorthin die drei befreiten Terroristen zusammen mit den Flugzeugentführern entkommen waren. Nach einem kurzen Pressetermin in Tripolis verschwanden die Terroristen. Libyen war spätestens seit Muammar al-Gaddafis[453] Putsch 1969 ein Problemkind der deutsch-arabischen Beziehungen gewesen. Massive Verstaatlichungen von Schlüsselindustrien sowie Ausweisungen von Minderheiten[454] sorgten international ebenso für Besorgnis wie die Anstrengungen al-Gaddafis, Libyen zur regionalen Großmacht avancieren zu lassen. Es war bekannt, dass al-Gaddafi offen und unverhohlen nicht nur den palästinensischen Terrorismus unterstützte. Bestes Beispiel dafür war, dass al-Gaddafi die toten Terroristen von München nach Tripolis überführen

---

[450] Schreiben Willy Brandt an Karl Herold (PStS im BMB) vom 21.10.72; WBA BK / 39, 129.
[451] Vermerk VLR Roth über Gespräch mit Khatib vom 29.10.72; Recherchen des AA hatten ergeben, dass sich Khatib zuvor mit dem ägyptischen BO abgesprochen hatte; PA B 36 / 501.
[452] Vgl. Anhang Abb. 4; eig. Übers.
[453] القذافي معمر ; eigentlich [al-Qathafi]
[454] 1970 Juden und Italiener, später auch Tunesier.

ließ und ihnen dort ein Heldenbegräbnis gewährte.[455] Andererseits berichtete auch Hans-Jürgen Wischnewski nach seiner Reise nach Libyen, dass die Beziehungen zu Libyen von besonderer Wichtigkeit seien, da über 40 % des deutschen Ölbedarfs von dort kämen.[456] Zudem betrachtete er Libyen als Tor zur Verbesserung der diplomatischen Beziehungen zur gesamten Union Arabischer Republiken[457].
Vor diesem Hintergrund ist nachzuvollziehen, wie feinfühlig sich eine diplomatische Einflussnahme gestalten musste, zumal die entführten Flugzeugpassagiere sowie der deutsche Lufthansakapitän in Tripolis mit ausgesuchter Gastfreundlichkeit behandelt worden waren. Mit erstaunlicher Wendigkeit wies der libysche Botschafter Daghely am 31. Oktober in Gesprächen u. a. mit Staatssekretär Frank alle Andeutungen einer Kooperation mit den Entführern leicht beleidigt zurück, äußerte aber gleichzeitig mit unverhohlenem Sarkasmus: „Die Entscheidung der Bundesregierung [sc. die Terroristen freizulassen] werde in Libyen sehr gewürdigt." Er erläuterte, dass die Ereignisse von Zagreb „eine rein politische, nicht jedoch [...] eine strafrechtliche relevante Tat" gewesen seien: „Das müsse die Bundesregierung einzusehen versuchen."[458] Ein weiteres Gespräch auf Ministerialdirektorenebene am 17. November verlief ähnlich substanzlos: einerseits verhaltene Drohungen der deutschen Seite, andererseits Bekenntnisse zur Kooperation und entrüstete Zurückweisungen von libyscher Seite:

> „Die Luftpiraten seien mit den entlassenen Häftlingen zufällig und ohne entsprechende Initiative Libyens in sein Land gekommen. Man unterstütze die Palästinenser zwar allgemein und bilde sie aus, wie das auch im Libanon, Syrien, Jordanien, ja selbst in China geschehe, billige aber keineswegs ihre Attentate in Drittstaaten."[459]

Wie bekannt, erfolgte trotz massiver Kritik kein deutsches Auslieferungsgesuch an Libyen. Auch Hinweise auf Sanktionen ließen sich nicht finden. In

---

[455] BO Werner berichtete aus Tripolis, dass „viele Tausende" an der Feier teilnahmen. Neben hochrangigen libyschen Vertretern nahmen auch der tunesische Informationsminister sowie Delegationen und Diplomaten aus den „anderen arabischen Staaten" teil. Vgl. FS vom 13.9.72; in: AAPD 1972 / II; S. 265; Anm. 7.

[456] Die Ölfrage und die drohende Verstaatlichung deutscher Petrol-Firmen beschäftigte auch die Interabteilungsausschüsse Nahost im AA immer wieder; Vgl. PA Zwischenarchiv / 100726.

[457] Bestehend aus Libyen, Ägypten, Syrien und Sudan. Diese Föderation, die ursprünglich die Verschmelzung der Staaten vorsah, wurde im April 1971 gegründet und zerbrach bereits 1973 wieder. Zur Reise von Wischnewski vgl. Bericht VLR Staden an BM Scheel vom 19.8.72 über die Reise; PA B 1 / 508.

[458] Vermerk VLR Gentz über Gespräch des libyschen BO Daghely mit MDg Jesser und StS Frank am 31.10.72; PA B 36 /

[459] Vermerk VLR Niemöller über Gespräch BO Daghely mit Herrn MD3 [k. w. A.] vom 17.11.72; PA B 1 / 509.

einem Gespräch zwischen Scheel und Genscher am 27. November wurde nach andauernden Zusicherungen Libyens und palästinensischer Repräsentanten, nun „keine Attentate mehr gegen die Bundesrepublik" zu führen, für die „Auflockerung [der Maßnahmen] schrittweises Vorgehen"[460] vereinbart.[461]

Die deutsche Außenpolitik verhielt sich im Bezug auf die deutsch-arabische Krise sehr ähnlich wie zur deutsch-israelischen Krise, wobei hier, stärker als bei Israel, ökonomische Argumente verwendet wurden. Das AA blieb lange passiv und reaktiv, obwohl die anti-deutsche Stimmung in der arabischen Welt immense Größenordnungen angenommen hatten. Die Bestürzung der deutschen Botschafter wirkte nicht bis in die Zentrale. Die gravierenden außenpolitischen Rückwirkungen der innenpolitischen Maßnahmen waren eindeutig unterschätzt worden. Die Weigerung der arabischen Repräsentanten, der Bundesregierung am 29. Oktober 1972 Unterstützung zu gewähren, ist bezeichnend für die Zerrüttung der Beziehungen an diesem Punkt. Jedoch waren dem AA die Hände gebunden, selber Maßnahmen zu erleichtern oder rückgängig zu machen, was sicher die Hoffnung einer Lösung auf Zeit verstärkte. Die Abstimmung zwischen BMI und AA war langwierig und konnte daher nicht entscheidend auf eine Entschärfung der diplomatischen Krisen hinwirken.

II.4.3 Internationale Ansätze

Nicht erst nach den Anschlägen von 1972 war bekannt, dass internationaler Terrorismus auch eine internationale Antwort erforderte. Eine dramatisch steigende Zahl versuchter und umgesetzter Flugzeugentführungen während der späten 1960er Jahre, häufig mit politischem Hintergrund, richtete das damalige Augenmerk vor allem auf die Luftsicherheit. Besondere Nachwirkung erzielte 1968 die Entführung einer israelischen El Al-Maschine auf dem Weg nach Rom durch palästinensische Aktivisten. Die letztlich erfolgreichen Verhandlungen über die nach Algier umgeleitete Maschine zogen sich über 40 Tage hin. Daraufhin trat 1969 die bereits 1963 unterzeichnete Konvention von Tokio zur Luftsicherheit in Kraft, für deren Mitgliedschaft Außenminister Brandt verantwortlich zeichnete.[462] Wenig später folgte die Unterzeichnung der Konventionen von Den Haag 1970 und Montreal 1971, die umfassende

---

[460] Alle Zitate: Sprechzettel BM Scheel für Gespräch mit BM Genscher am 27.11.72; PA B 36 / 509.
[461] Erste Entspannungszeichen vermerkte auch die Ergebnisniederschrift der zweiten Interabteilungssitzung Nahost im AA vom 21.11.72, Beitrag VLR Redies; PA Zwischenarchiv / 100726.
[462] Vgl. Brief BK Brandt an die Air Lines Association vom 15.2.71; WBA / BK 34, 6.

internationale Rechtssicherheiten klärte und festlegte. Aus heutigen Augen ein wenig erstaunlich, drängten vor allem auch die USA auf die schnelle Ratifikation dieser internationalen Abkommen.[463] International konzertierte Aktionen waren im Bereich des Internationalen Terrorismus erprobt. Bereits 1970 schoben die Bundesrepublik, Großbritannien und die Schweiz gleichzeitig sieben arabische Flugzeugentführer nach Jordanien ab, darunter auch die Top-Terroristin Leila Khaled.[464] Neben diesen ad-hoc-Aktionen sah die deutsche Bundesregierung, auch vor dem Anschlag von München, im Nahostkonflikt die multilaterale Ebene, vor allem in den EG und die VN, als einzig mögliche Triebkraft für langfristige Veränderungen der schwierigen Situation in den Palästinensergebieten.[465] Getreu dieser Maxime war eine der ersten Reaktionen auf den Anschlag von München der Vorschlag, Außenminister Scheel solle

> „bei den neun Partnerstaaten der Europäischen Gemeinschaften im Rahmen der Politischen Zusammenarbeit sondieren, ob sie nicht gemeinsam der nächsten Vollversammlung der VN einen Tagesordnungspunkt ‚Unterbindung von Verbrechen [gestrichen: gegen die Menschlichkeit] durch terroristische Organisationen' vorschlagen sollte."

Ergebnis sollte eine „internationale Konvention" sein,

> „mit dem Ziel, durch gemeinsame internationale Anstrengungen (Asylverweigerung, gegenseitige Beistandsleistung der Unterzeichnerstaaten etc.) die Begehung solche Verbrechen zu verhindern oder zumindest zu erschweren."

Den Beleg für eine klare Kontinuität internationalen Vorgehens notierte Scheel selbst: „Ein Modell hierfür ist die noch nicht in Kraft getretene Konvention der Internationalen Zivilluftfahrt-Organisation ICAO von Montreal vom 23.9.71 (‚Konvention zur Verhinderung niederträchtiger Handlungen gegen die Sicherheit der Zivilluftfahrt'[)]".[466]

Zweifel an dem Erfolg des internationalen Vorgehens bestanden allerdings schon früh. Auch die Kontaktaufnahme mit dem VN-Generalsekretär war umstritten: „Eine Einschaltung des Generalsekretär Waldheim empfiehlt sich [...] nicht, weil sie seine Vermittlungschance[n] im Nahost-Konflikt zunichte

---

[463] Vgl. Schreiben von US-Außenminister William P. Rogers an BM Scheel vom 11.9.72; PA B 1 / 509.

[464] Vgl. FS italienische Schutzmachtvertretung Kairo an das AA vom 5.19.70; PA B 36 / 375.

[465] Vgl. Brief BM Scheel an Erik Blumenfeld, MdB, vom 16.6.72; PA B 1 / 508; vgl. a. Pfetsch, Außenpolitik, S. 166.

[466] Alle Zitate: vmtl. Sprechzettel BM Scheel für die Kabinettssitzung am 6.9.72; k. w. A.; 72; das mehrfach korrigierte Manuskript ist hier in seiner Endfassung zitiert. Die handschriftliche Randnotiz ist vmtl., aber nicht mit Sicherheit, BM Scheel zuzuordnen; PA B 1 / 509.

machen würde."⁴⁶⁷ Das komplizierte Prozedere über mehrere Kollektivgremien war nicht zuletzt der Tatsache geschuldet, dass die Bundesrepublik erst 1973 Vollmitglied der VN wurde, und somit nicht direkt agieren konnte. Allerdings war auch klar, dass selbst wenn der Antrag in die VN-Vollversammlung eingebracht werden würde, damit noch nicht zwingend ein Erfolg beschieden sein musste: „Die Erfahrungen in den VN haben […] gezeigt, dass die aus der Behandlung derartiger Tagesordnungspunkte hervorgegangen Resolutionen […] durch Zusatzanträge mancher Delegierter (insbesondere von arabischer Seite) in ihrem moralischen Gehalt reduziert wurden."⁴⁶⁸ Dennoch war Generalsekretär Waldheim dafür, „dass zumindest ein Versuch gemacht würde"⁴⁶⁹ und berief die Thematik auf die Agenda der XXVII. Vollversammlung der VN. Im Januar 1973 wurde mit der Bildung eines so genannten ad-hoc-Komitees begonnen, wobei – wie befürchtet – alleine schon die Zusammensetzung der 35 Sitze nach Nationalitätengruppen schwere und langwierige Probleme verursachte.⁴⁷⁰

Auch die von Klaus Harpprecht formulierte Fernsehansprache für Willy Brandt sah einen zentralen Passus zum internationalen Vorgehen vor: „wir laden unsere freunde dazu ein, zusammen mit uns darüber nachzudenken, ob die besten regeln und techniken des kampfes gegen den terrorismus nicht in einer internationalen charta festgelegt werden koennen."⁴⁷¹ Ein Zeitpunkt dafür war schnell gefunden, da zufälligerweise bereits am 12. September die EG-Außenministerkonferenz in Rom tagte, für die eiligst Vorbereitung zur Einbringung einer entsprechenden Initiative getroffen wurden. Auch das BMI beeilte sich, dem Außenminister gute Ratschläge auf den Weg zu geben. Die Abteilung ÖS des BMI drängte bei Genscher darauf, ein Treffen der „für die Innere Sicherheit verantwortlichen Minister" auf EG-Ebene einzuberufen. Als konkrete, grenzüberschreitende Maßnahmen wurde vorgeschlagen, den Nach-

---

[467] Vorlage der Abteilung ÖS (Smoydzin) für BM Genscher vom 9.9.72. Am 10.9.72 laut handschriftlicher Randnotiz von Genscher an Scheel übergeben; PA B 36 / 510. Vgl. a. den teilweise handschriftlichen Entwurf des Schreibens: BArch B 106 / 146540.
[468] Sprechzettel für BM Scheel; vmtl. 7.9.72; PA B 36 / 506.
[469] Zusammenfassung der EG-Außenministerkonferenz am 12.9.72; TOP 7: Diverses; PA B 36 / 510.
[470] Vgl. FS AV New York / UNO an das AA vom 17.1.73 und vom 14.3.73; PA Zwischenarchiv / 116192.
[471] Telex aus dem BKAmt an den persönlichen Referent Brandts, Schilling, in Feldafing bei München vom 8.9.72 mit der von Harpprecht formulierten Rede für das ausländische Fernsehen; WBA / BK 9, 1-6. Es ist nicht geklärt, ob Brandt diese Rede tatsächlich gehalten hat.

richtenaustausch zu intensivieren und modernere Techniken[472] zu nutzen. Eine besondere Rolle spielte die „Einführung einer Meldepflicht für Übernachtungen in Beherbergungsbetrieben" sowie die Mitführungspflicht von Ausweisen vor allem für Ausländer.[473] Zudem sollten ergriffene Maßnahmen koordiniert und „Grundsätze" der ausländerrelevanten Regelungen angepasst werden.[474] Auf der Außenministerkonferenz am 12. September reagierten die Außenministerkollegen mit „dankenswert positivem Interesse"[475], signalisierten Abstimmungsbereitschaft für das Vorgehen in den VN und einigten sich auf ein knappes Schlusskommuniqué über „Terroranschläge und Repressalien".[476] Das weitere Vorgehen wurde daraufhin auf niedrigere Ebene vertagt; die EG-Gipfelkonferenz am 19. Oktober in Paris benannte das Thema nicht einmal mehr.[477]

Auch der im europäischen Institutionensystem etwas angestaubte Europarat wurde für die Terrorismusfrage aktiviert. Dies wurde zuerst ablehnend, dann aber „vorsichtig positiv" auch von europäischen Nachbarn wie den Niederlanden verfolgt. Sie vertraten die Ansicht, dass man „angesichts der Behandlung dieser Frage in New York zur Meinung gekommen sei, dort könnten Fortschritte in der überschaubaren Zukunft nicht erwartet werden."[478] Am 18. Januar 1973 gründeten die Mitglieder des Europarats ein ad-hoc-Komitee zur Untersuchung der „aspects juridiques des problemes poses par le terro-

---

[472] Erste Ansätze dazu hatte es schon Anfang 1972 gegeben, als z. B. die Telebild-Übetragung zwischen BKA Wiesbaden und Interpol Zürich hergestellt wurde. Vgl. Innere Sicherheit; 10 / 1972, S. 12.

[473] Maßnahmenkatalog der Abteilung ÖS (BMI); k. w. A.; vmtl. zeitgleich zur Außenministerkonferenz entstanden; BArch B 106 / 146540.

[474] Vorlage der Abteilung ÖS (Smoydzin) für BM Genscher vom 9.9.72. Am 10.9.72 laut handschriftlicher Randnotiz von Genscher an Scheel übergeben; PA B 36 / 510. Vgl. a. den teilweise handschriftlichen Entwurf des Schreibens: BArch B 106 / 146540. Zur Planung und Schwierigkeiten der ‚Europäischen Konferenz über innere Sicherheit' vgl. Vermerk vom 11.1.73; PA Zwischenarchiv / 116192.

[475] Zusammenfassung der EG-Außenministerkonferenz am 12.9.72; TOP 7: Diverses; PA B 36 / 510.

[476] Vgl. FS BO Steltzer an das AA vom 18.9.72; PA B 1 / 508. Der französische Text des Communiqués in PA B 1 / 509.

[477] Die deutsche VN-Delegation vermerkte, dass sich die EG-Außenministerkonferenz auf ein Vorgehen im Politischen Komitee geeinigt habe. Dieses Gremium der EPZ tagte vierteljährlich auf Ebene der politischen Direktoren; vgl. FS an das AA; k. w. A.; vmtl. Oktober 1972; PA B 36 / 510.

[478] Korrigierte Version eines Vermerks vom 11.1.72, Ref. 200; PA Zwischenarchiv / 116192.

risme international".[479] Im Mai 1973 verabschiedete die Parlamentarische Versammlung eine Empfehlung mit wenig Aufsehen erregenden Inhalten. Die noch immer nicht in Angriff genommene Konferenz zur inneren Sicherheit solle möglichst bald stattfinden[480], internationale Abkommen zur Luftsicherheit möglichst bald ratifiziert und jegliche „political and economic influence"[481] genutzt werden, um fremde Staaten vom Weg des Terrorismus abzubringen. Auch wenn der Zugang noch nicht zu allen Folgejahrgängen möglich ist, so ist doch ersichtlich, dass die multilateralen Initiativen keinen mittelfristigen Erfolg aufwiesen.

Allerdings trägt gerade in schwierigen multilateralen Verhandlungen die Wertbeimessung und Initiative von höchster Stelle entscheidend zum Erfolg oder zur Versandung der Projekte bei. Die Sprechzettel und Gesprächsnotizen zu den Gipfeltreffen Brandts mit anderen europäischen Regierungschefs schweigen sich über eine Thematisierung der Anschläge oder des internationalen Terrorismus aus.[482] Die öffentlichen Erklärungen nach dem Treffen Brandts mit Pompidou am 9. September 1972 in Feldafing erwähnen den Anschlag nur am Rande; sie wirken eher der protokollarischen Pflicht geschuldet.[483]

Eine besondere Rolle spielte die Regierung der USA, die sich durch ihren Aktionismus geradezu konträr zur deutschen Regierung verhielt. Außenminister Rogers wies ausdrücklich auch im Namen von Präsident Nixon auf „the urgent problem of developing ways and means to counter terrorism" wies und drängte auf „effective action to prevent terrorist acts". Außenminister Rogers kontaktierte nach eigenen Angaben „Foreign Ministers of a number of governments and ha[d] begun consultations with some to develop more effective measures to counter terrorism."[484] Dies war nicht zuletzt begründet durch

---

[479] Vgl. FS AV Straßburg an das AA vom 18.1.73; PA Zwischenarchiv / 116192. Vgl. Europaratsempfehlung 684 / 1973. Der Ministerkomiteebeschluss im Europarat Nr. 4 / 1974 fand am 24.1.74 statt und folgte im Wesentlichen der Empfehlung 684 / 1973.

[480] Im September 1973 wurde empfohlen – da „keine konkreten Ergebnisse im Rahmen des Europarats in Sicht sind" die „Entscheidung über Konferenz zunächst zurückzustellen und weitere Entwicklung abzuwarten." FS AV Straßburg an das AA vom 17.9.72; PA Zwischenarchiv / 116192.

[481] Beschluss Nr. 703 der Europaratsversammlung am 16.5.73 in englischer und französischer Sprache; in PA Zwischenarchiv / 116192.

[482] Vgl. v. a. WBA BK / 50, 51 und 52.

[483] Vgl. Bulletin der Bundesregierung Nr. 123 vom 12.9.72; S. 1529 f.

[484] Schreiben von US-Außenminister William P. Rogers an BM Scheel vom 11.9.72; PA B 1 / 509. Wie Golda Meïr in ihrer Rede vor der Knesset betont, habe Außenminister Rogers über 50 Staaten angeschrieben und zudem ein Anti-Terror-Komitee auf Ministerebene ins Leben gerufen. Vgl. Prime Minister's Statement at the Opening of the Knesset Winter Session; 16.10.72; hg. v. Press Bulletin Israel; PA B 36 / 505.

eine vorhergehende „series of kidnappings of US diplomats and businessmen, designed to focus attention on American imperialism"[485]. Dieses Verhältnis zwischen Aktivität und Antrieb des State Departments und „support" und „fullest cooperation" der deutschen Seite[486] zog sich weiter bis zum März 1973, als Terroristen des Schwarzen September im sudanischen Khartum mehrere US-amerikanische Diplomaten ermordeten.[487] Auch der amerikanische Diplomat Newson äußerte mit diplomatischer Reserviertheit seine Verwunderung über die staatliche Nichtaktivität nach den Ereignissen von München: „We had hoped the Munich events would bring home to the international community the urgency of the situation: however the murders in Khartoum showed that much of our effort so far had come to nought."[488] Ähnlich resigniert schrieb Willy Brandt schon im Dezember 1972:

> „Daß die internationalen Bemühungen um eine wirksamere Bekämpfung der Luftpiraterie und anderer Formen des Terrorismus noch keine größeren Fortschritte gemacht haben, liegt nicht an der Bundesregierung."[489]

Allerdings schweigt er sich auch darüber aus, woran es denn gelegen haben mag. Nach einer vergleichsweise regen Initialaktivität auf multilateraler Ebene erfuhr das Thema auf internationalen Gipfeltreffen kaum noch Aufmerksamkeit. Sicherlich hat, wie bereits erwähnt, die Nicht-Mitgliedschaft der Bundesrepublik bei den VN den Handlungshorizont eingeengt. Andererseits kann die generell mangelnde Thematisierung von deutscher Seite, auch vor dem Hintergrund der kontinuierlichen Bemühungen der USA, nicht mit diesem strukturellen Defizit erklärt werden.

Die mikrohistorische Untersuchung der Ereignisse von München und Zagreb sowie die Auswertung der nachfolgenden Maßnahmen im innen- wie außenpolitischen Bereich offenbarte in der Innenpolitik vorrangig dem Handlungszwang und nicht der Nachhaltigkeit geschuldete Maßnahmen. Diese zeigten schwerwiegende außenpolitische Rückwirkungen, die durch die passive und reaktive Außenpolitik der Bundesregierung nur schwach aufgefangen wurden. Wie aufgezeigt bestanden strukturelle Handlungshemmnisse. Dennoch war

---

[485] Townshend, Terrorism, S. 64 f.
[486] Cooley kommentiert: „[L]ed by the Nixon administration in Washington, [Western governments] called for drastic ‚anti-terrorist' measures." Cooley, September, S. 128.
[487] Zu diesem Ereignis vgl. Korn, D.: Assassination in Khartoum; Bloomington 1993 und Cooley, September, S. 130.
[488] Alle englischen Zitate im FS der US-AV Bonn an das Department of State über Gespräche mit deutschen Außenamtsvertretern vom März 1973; NARA, General Records of the Department of State, Subject Numeric Files 1970-73: GR 59/150/67/13/5.
[489] Brief BK Willy Brandt an den Präsidenten der deutsch-israelischen Gesellschaft, Heinz Westphal, vom 22.12.72; WBA BK / 35, 86.

die Wertbeimessung einer aktiven Politik im Bereich der internationalen Terrorismusbekämpfung offenbar gering. Die Äußerung Scheels – „Das Leben geht weiter!" – ist symptomatisch für die Reaktionen der sozial-liberalen Regierung auf die Anschläge.

III Die ‚öffentliche Meinung'

Die ‚öffentliche Meinung'[490] für eine historische Untersuchung heranzuziehen ist immer problematisch und trotzdem unabdingbar. Empirisch-sozialwissenschaftliche Repräsentativität oder Quantifizierungen können hier nicht geleistet werden, stattdessen soll die öffentliche Meinung der politischen Haltung kontrastierend gegenüber gestellt werden.

Der Umgang der Printmedien mit den Ereignissen und Maßnahmen soll exemplarisch an den größten politischen Wochenmagazinen *Spiegel* und *Stern* nachvollzogen werden. Demoskopische Erhebungen können zudem einen groben Überblick über Tendenzen in der Bevölkerung vermitteln. Die zur Zeit der Anschläge stattfindende ‚Ausländerdebatte' darf für das Kontextverständnis ebenso wenig unberücksichtigt bleiben. Anhand von Einzelbeispielen öffentlicher und privater Äußerungen von Nichtfunktionsträgern – hier als Bürgermeinung bezeichnet – lassen sich zudem bestimmte Charakteristika der öffentlichen Meinung zum politischen Handeln nachzeichnen. Breiter angelegte Studien verzeichnen für den Kontext der Anschläge einen ‚Wandel des Zeitgeists' und gelegentlich auch eine ‚Zeitenwende', die für die Untersuchung der ‚öffentlichen Meinung' nicht unberücksichtigt gelassen werden dürfen.

III.1 Die Wochenmagazine: *Spiegel* und *Stern*[491]

In der politisierten Zeit der 1970er Jahre kann von starken Interdependenzen im Sinne eines CNN-Effekts ausgegangen werden: In einem gegenseitigen Abhängigkeitsverhältnis befriedigten und schufen Bürger, Politik und Medien – jede dieser Gruppen nach jeweiligen Interessen – Informationsnachfrage.[492]

---

[490] Der vielfältig definierte Begriff „öffentliche Meinung" sei hier, nicht zuletzt aus quellpragmatischen Gründen gemäß des eher elitentheoretisch orientierten Ansatzes von Wilhelm Hennis verstanden, der politisch interessierte und rationale Bürger in das Zentrum rückt. Vgl. Hennis, W.: Meinungsforschung und repräsentative Demokratie; Tübingen 1957. Die fokussierte Auswertung von Massenmedien und demoskopischen Erkenntnissen ergänzt diesen Ansatz. Die systemtheoretischen Ansätze von Niklas Luhmann, die die öffentliche Meinung als Artikulator und Handlungsvorlage für die Legislative verstehen, überwölben die Untersuchung, jedoch soll hier keine soziologische Vollkommenheit beansprucht werden. Vgl. Luhmann, N.: Gesellschaftliche Komplexität und öffentliche Meinung; in ders.: Soziologische Aufklärung; Bd. 5; Opladen 1990; S. 170-182.

[491] Um politische Debatten nachzeichnen zu können, wurden hier exemplarisch die politischen Wochenmagazine *Spiegel* und *Stern* ausgewertet, die sich durch besonders hohe Auflagenzahlen und breite Leserschichten auszeichnen und damit am ehesten Strömungen und Zeitdauern von politischen Diskussionen nachvollziehen lassen. Aus pragmatischen Gründen wurde auf eine systematische Analyse der Tageszeitungen verzichtet.

[492] Der Begriff *CNN-Effekt* kommt aus der Medien- und Kommunikationswissenschaft und beschreibt das Verhältnis zwischen öffentlicher, v. a. medialer Aufmerksamkeit und politi-

Das politische Wochenmagazin *Spiegel* betonte im September 1972 die zunehmende Rolle „eine[r] Gruppe, von deren Entscheidung der Ausgang der Wahlen ohne Zweifel stark mitbestimmt werden wird: die Leser von Zeitungen, Wochenschriften und Illustrierten."[493] Nach eigenen Angaben erreichte das der *Spiegel* 1972 etwa 5,9 Mio. Leser und damit 41,5% aller Personen mit höherer Bildung.[494]

Eine Woche nach den Anschlägen titelte der *Spiegel*: „War es zu vermeiden? Das Massaker von München"[495]. Mit der Schuldigensuche, an der sich auch Herausgeber Rudolf Augstein mit einem Artikel beteiligte[496], war sofort die Frage nach der historischen Tragweite des Ereignisses verknüpft:

> „So sicher der Schaden abzusehen war, den das Münchner Massaker dem Ansehen der Deutschen im Ausland zugefügt hat, so sicher ist auch, daß die Schüsse von Fürstenfeldbruck in der Innenpolitik noch lange nachhallen werden. Denn getroffen war das renovierte Selbstverständnis der Deutschen, die sich so sicher gefühlt hatten [...]."[497]

Nach einer Rekonstruktion der Ereignisse, u. a. durch Interviews mit Polizeipräsident Schreiber und Verteidigungsminister Leber nutzte der *Spiegel* das Thema des Anschlags in den unmittelbaren Folgeausgaben als Aufhänger für Berichte zur Ausländerproblematik und zum Palästinakonflikt. Manche heutige Autoren sehen in dieser Berichterstattung über Palästina gar die eigentliche Motivation der Terroristen für den Anschlag.[498] Drei Wochen später befassten sich nur noch halbseitige Artikel im Auslandsteil mit der Situation in Israel. Die vereinzelte Berichterstattung zu Olympia selbst konzentrierte sich auf die nun leerstehenden Immobilien. Nach dem Vorfall von Zagreb schien das Thema wieder etwas präsenter zu werden, immerhin wurden der Flugzeugentführung in Heft 46 / 1972 mehrere Artikel zugestanden. Jedoch trug sich die Diskussion nicht einmal bis in die nächste Ausgabe. Auch in den periodischen

---

schem Handeln. Namensgebendes Beispiel war der Rückzug US-amerikanischer Truppen aus Somalia im Jahre 1993, nachdem der Nachrichtensender CNN wiederholt Bilder von grausam zugerichteten US-Soldaten gezeigt und die öffentliche Meinung in den USA stark beeinflusst hatte. Vgl. Bierling, S.: Geschichte der amerikanischen Außenpolitik. Von 1917 bis zur Gegenwart; München 2003; S: 216 f.
[493] Der Spiegel; Heft 39 / 1972; S. 3.
[494] Hier als Abitur und nachfolgende Abschlüsse verstanden. Statistiken in Der Spiegel; Heft 42 / 1972; S. 3.
[495] Der Spiegel; Heft 38 / 1972.
[496] Augstein, R.: Terror und kein Ende; in: Der Spiegel; Heft 38 / 1972; S. 20.
[497] Der Spiegel; Heft 38 / 1972; S. 21.
[498] Vgl. Hirschmann, K.: Terrorismus; Hamburg 2003; S. 46 f.; Ähnlich argumentiert auch Mury, G.: Schwarzer September. Analysen, Aktionen und Dokumente; Berlin 1974.

Kanzlerinterviews gingen die *Spiegel*-Redakteure mit keinem Wort auf die Thematik des Internationalen Terrorismus' ein.[499]

Ganz ähnlich der *Stern*: Auch verfasste Herausgeber Henri Nannen einen Artikel unter dem Titel „Wir sind im Krieg"[500], und auch hier wurde das Thema als Anlass zur Reportage über benachbarte Aspekte wie Türken in Deutschland, Schwarzarbeit und Ausländerkriminalität genutzt. Die volksnah gehaltene Zeitschrift verbannte das Thema Olympia schon Anfang Oktober auf die letzten Seiten, über die Ereignisse von Zagreb wurde erst knapp drei Wochen nach dem Vorfall berichtet.[501]

Sowohl der *Spiegel* als auch der *Stern* gingen sehr wertneutral mit dem der Terrorproblematik immanenten Palästinenserkonflikt um. Die Terroristen wurden fast immer als „Guerillas", „Fedajin" oder „Palästinenser" umschrieben und zur ethischen Dimension des Anschlags nur selten Stellung bezogen.

Festzuhalten bleibt, dass in beiden Magazinen die Berichterstattung über die nahende Bundestagswahl eine zeitnahe journalistische Aufarbeitung der Ereignisse von München und Zagreb verdrängte. Nach kurzer, ausführlicher Schilderung der Vorgänge fand eine ‚Debatte' höchstens in Ansätzen auf den Leserbriefseiten statt.

III.2 Die „Gastarbeiterproblematik"[502]

Ein wichtiges Thema in der öffentlichen Meinung zur Zeit der Anschläge ist die Ausländerdebatte. Gerade vor dem Hintergrund dieses internationalen Konflikts auf deutschem Boden schlug sich die Einstellung zu Ausländern auch auf die Reaktionen der politischen Führung nieder. Die ethnisch inspirierten Ausweisungen und Diskriminierungen bei Grenzkontrollen mochten noch einem pragmatischen Aspekt geschuldet sein, die Äußerungen des hessischen Ministerialbeamten Gesser, der sich „des längeren in Beschimpfungen der Palästinenser erging, die er ausschließlich als „Drecksjerle" und „Halunken" bezeichnete"[503], waren es nicht.

Charakteristisch für die Frage der Ausländerdebatte ist ein Nebenschauplatz der Olympischen Spiele. Das Hotel ‚Vier Jahreszeiten' in München beherbergte Mitglieder des IOK und andere Prominente und Würdenträger. Zwischen dem 8. und 11. September entspann sich eine rege Aktivität des Bayerischen Staatsschutzes, die darauf zielte, die vier im Hotel – hauptsächlich in der

---

[499] Vgl. Willy Brandt. Die SPIEGEL-Gespräche 1959-1992; hg. v. E. Böhme u. a.; Stuttgart 1993.
[500] Nannen, H.: Wir sind im Krieg; in: Der Stern, Heft 39 / 1972, S. 3.
[501] Der Stern; Heft 47 / 1972; S. 18-24 und 260-267.
[502] Der Spiegel; Heft 39 / 1972; S. 24.
[503] Bericht VLR Redies (Ref. I B 4) an StS Frank vom 2.10.72; PA B 36 / 509.

Küche – angestellten Araber zu entlassen oder wenigstens zu beurlauben. Schließlich wurde das Ansinnen vom OK abgelehnt. Jedoch nicht wegen der pauschalen Kriminalisierung nach ethnischer Zugehörigkeit, sondern „wegen der möglichen Kurzschlußreaktion eines Entlassenen und der Unmöglichkeit, sein Eindringen in das ihm mit allen Eingängen, Fenstern und Schlupfwinkeln bekannten Hotels"[504] zu verhindern.

Die Schwarz-Weiß-Zeichnung ethnischer Gruppen auch von staatlicher Seite ist zur Zeit der so betont weltoffenen Olympischen Spiele in Deutschland ausgesprochen ausgeprägt. Schon 1971 hatten „ca. 150 Millionen Ausländer" die Grenze nach Deutschland überschritten. Und obwohl bereits über 3,5 Millionen ‚Gastarbeiter' in Deutschland lebten und zum Teil auch naturalisiert waren, herrschte eine durchweg optische Klassifikation vor.[505] Überhaupt findet sich in den Akten zu den innenpolitischen Maßnahmen kein Hinweis darauf, wie mit naturalisierten Palästinensern umgegangen werden sollte, bei denen eine Abschiebung de iure unmöglich war.

Angesichts der sich mehr und mehr vermischenden Staatsbürgerschaftsprinzipien nach dem Abstammungsprinzip (ius sanguinis) und dem Territorialprinzip (ius soli) – insbesondere innerhalb der sich zusehends öffnenden EG – muss erstaunen, wie wenig bewusst sich führende Politiker über diese Problematik waren. So erklärte Bundeskanzler Brandt nach dem Anschlag von München einigermaßen erstaunt, „daß Präsident Pompidou darauf hingewiesen habe, daß es nahezu unmöglich sei, die in Frankreich lebenden zwei Millionen Araber aus den Maghrebstaaten [ct. mit französischem Pass] von anderen Arabern zu unterscheiden." Für den grenzüberschreitenden Personenverkehr könne Frankreich daher keine Garantien übernehmen, „unerwünschte arabische Staatsangehörige"[506] herauszufiltern.

Die Verbindung zwischen „Gastarbeiterproblematik" und Unsicherheitsempfinden griffen auch einige deutsche Printmedien auf. Diese Diskussion war nicht immer von Sachlichkeit begleitet. Der *Spiegel* druckte – um auf den Missstand hinzuweisen – kurz nach den Anschlägen „Anti-Ausländer-Plakat[e]" aus dem gesamten Bundesgebiet ab. Darunter: „Gastarbeiter haben in diesem

---

[504] Vermerk des Ordnungsdienstes der Olympischen Spiele vom 11.10.72. Voran ging ein reger Briefwechsel zwischen Staatsschutz Bayern und Ordnungsdienst; BArch B 185 / 3248.
[505] Zahlen und Zitate im Rundschreiben an alle AVen vom 13.10.72; PA B 1 / 537.
[506] Beide Zitate von Bundeskanzler Brand auf der Konferenz der Regierungschefs von Bund und Ländern am 6.10.72; Protokoll; PA B 36 / 509.

Beatclub keinen Zutritt" oder „Verboten für Gastarbeiter".[507] Der *Stern* hingegen brachte eine Reportage über türkische Gastarbeiter und das, so suggeriert der Artikel, dazugehörige kriminelle Milieu[508] und polarisierte mit Reportagen wie „Unser Schwiegersohn, der Neger"[509].

Ökonomische und sicherheitspolitische Bedenken verbanden sich zu einer Melange, die einen bitteren Beigeschmack von ethnischer Pauschalisierung und Schuldigensuche trug. Der *Spiegel* fragte in seiner Titelgeschichte vom 18. September: „Importierter Terror?"[510] Und auch die konservative Frankfurter Allgemeine Zeitung veröffentlichte unter dem Titel „Wenn Tausende illegal einreisen. Wie Bundeskanzler Brandt den Türken zu helfen versuchte" einen Artikel, der Zuwanderung, wirtschaftliche Probleme und Sicherheitsaspekte in eine kausale Reihe stellte:

> „Die Warnung, daß der unbegrenzte Import von billigen Arbeitskräften bedenklich sei, war schon seit langem zu hören gewesen, aber Bonn stellte sich taub. [...] Wirtschaftspolitik ist ein schwieriges Fach. Bundeskanzler Brandt liegt es ebenso fern, wie es einst bei Konrad Adenauer war. Näher müßten dem Politiker Brandt Erfordernisse der inneren Sicherheit und der Rechtsstaatlichkeit liegen. Doch gerade auf diesen Gebieten hat der Kanzler durch die von ihm inspirierte Duldung illegal eingereister Ausländer im Bundesgebiet ein bedenkliches Beispiel gesetzt."[511]

Die Aussage des Artikels ist wegen ihrer unverhohlenen Pauschalisierung höchst bedenklich, wobei der Autor zudem verkennt, dass die damalige Problematik des Internationalen Terrorismus keine unmittelbare Verbindung zur Ausländerpolitik hatte.

Dass diese scheinbare Verknüpfung auch auf höchster politischer Ebene thematisiert wurde, zeigt die Debatte in der Konferenz der Regierungschefs von Bund und Ländern nach dem Anschlag von München, in der auch Bundeskanzler Brandt einräumte, „daß die Ausländerpolitik der Bundesrepublik in aller Gründlichkeit überdacht werden müsse; mit der Zahl von 2,5 Millionen Gastarbeitern könnte bereits eine kritische Grenze erreicht sein."[512] Nicht zuletzt diese pauschalisierende Haltung trug weiter Wasser auf die Mühlen aus-

---

[507] Die Plakate sowie eine ausführliche Würdigung der latenten Ausländerfeindlichkeit im Spiegel-Titelthema „Der Araber – dem ist nicht zu trauen"; Alle Zitate in Der Spiegel; Heft 39 / 1972; S. 24-34; Plakate auf S. 26.
[508] Der Stern; Heft 48 / 1972; S. 54-60.
[509] Der Stern; Heft 39 / 1972; S. 80-86.
[510] Der Spiegel, Heft 39 / 1972, S. 4.
[511] Vocke, H.: Wenn Tausende illegal einreisen. Wie Bundeskanzler Brandt den Türken zu helfen versuchte; FAZ vom 12.10.72.
[512] Bundeskanzler Brand auf der Konferenz der Regierungschefs von Bund und Ländern am 6.10.72; Protokoll; PA B 36 / 509.

ländischer Beobachter, die der Bundesregierung vorwarfen, in Deutschland etabliere sich eine „'Araber raus'-Bewegung"[513].

III.3 Demoskopie

Um Massenphänomene erkennen zu können, ist ein Blick auf die Demoskopie unerlässlich.[514] Maßgeblich für die Meinungsforschung war das vom Institut für Demoskopie Allensbach und seiner Gründerin Elisabeth Noelle-Neumann herausgegebene Jahrbuch der öffentlichen Meinung.[515]
Generell ist festzustellen, dass das Thema Terrorismus nur einen äußerst marginalen Raum innerhalb der Umfragen einnimmt. Betrachtet man die Ergebnisse der Umfragen, zeichnet sich sehr deutlich die Dominanz wirtschaftlicher Sorgen ab. Im August 1972 nahmen neben der Friedenssicherung („sehr wichtig": 76%) einen besonders großen Stellenwert vor allem die soziale Sicherung und Maßnahmen gegen Preissteigerungen ein („sehr wichtig": 62 und 60%).[516] Im Oktober 1972 waren die Bundesbürger am stärksten über steigende Preise und Wertverlust der Ersparnisse besorgt (85 und 73%).[517] Eine Vielzahl ähnlich ausgerichteter Umfragen bestätigt diesen Trend, wobei Fragen der öffentlichen Sicherheit nachgeordnet wichtig bewertet werden (in den genannten Untersuchungen bei etwa 50%).
Betrachtet man jedoch den Bereich der öffentlichen Sicherheit gesondert, so ist generell ein Trend zur Beunruhigung festzustellen. Eine knappe Mehrheit glaubte nicht, dass es nach der Festnahme der Baader-Meinhof-Gruppe in der Bundesrepublik ruhiger werde.[518] 87% waren der Meinung, dass Bombenattentäter sehr viel härter bestraft werden sollten[519], etwa zwei Drittel der Bürger hatten den Eindruck, dass zu wenig Polizisten im Einsatz seien und dass generell mehr für Sicherheit und Ordnung getan werden müsse.[520] Überhaupt überwiegt im Mai 1972 deutlich die Meinung, dass Verbrechen ständig zunähmen (79%).[521] Einer Spiegel-Umfrage zufolge ist die „bessere Verbrechensbe-

---

[513] Brief der Deutsch-Arabischen Gesellschaft an BM Scheel vom 12.9.72; PA B 1 / 509.
[514] Diese hatte sich in den späten 60er Jahren besonders unter René König stark entwickelt. Einen Überblick über die Entwicklung der empirischen Sozialforschung bietet Diekmann, Sozialforschung, S. 94-99.
[515] Jahrbuch der öffentlichen Meinung. 1968-1973 (Bd. 5); hg. v. E. Noelle und E. Neumann; Allensbach und Bonn 1974.
[516] Ebd., S. 132 f.
[517] Ebd., S. 350.
[518] Kurz nach den Festnahmen im Juli 1972; Ebd., S. 237.
[519] Ebd., S: 238.
[520] Umfrage zu den Polizisten vom Oktober 1972: 64%, zur Sicherheit und Ordnung vom Juni 1971: 69%. Ebd., S. 240.
[521] Ebd., S. 241.

kämpfung" mit 49 % sogar der primäre Wählerwunsch an die neue Regierung.[522]

Dennoch zog diese Grundhaltung die Zustimmungswerte für die führenden Politiker nicht in Mitleidenschaft. Während Willy Brandt im November 1972 auf dem „Höhepunkt seiner charismatischen Ausstrahlung"[523] das bis heute beste Bundestagswahlergebnis der SPD errang, stieg auch die Zustimmung für Hans-Dietrich Genscher und Walter Scheel von August 1972 bis Juli 1973 auf Rekordhöhen von 56 bzw. 65%.[524] Erstaunen muss aber die einzige Umfrage, die sich direkt mit den Ereignissen von München und Zagreb befasst. Im November 1972 fragten die Demoskopien nach der Meinung zum Verhalten der Bundesregierung anlässlich der Freipressung der Terroristen von München. 59% der Befragten gaben an, dass die Bundesregierung getan habe, was möglich war, 30% fanden, sie hätte mehr tun müssen.[525]

Angesichts des konfusen Ablaufs der Ereignisse, wie sie im ersten Teil der Arbeit rekonstruiert wurden, muss dieses spezielle Umfrageergebnis erstaunen. Dennoch sollte es nicht überbewertet werden, zumal eine Vielzahl von Variablen Einfluss auf Umfrageergebnisse hat.[526] Da dies die einzige bekannte Umfrage zu diesem Thema war, gibt es keine Vergleichswerte. Das Umfrageresultat hängt auch mit einer weitgehenden Uninformiertheit der breiten Bevölkerung über die genauen Ereignisse in Zagreb zusammen. Darauf lässt die spärliche Berichterstattung und die sehr geringe Zahl von Briefen aus der Bevölkerung zu diesem Thema schließen. Eine Verwischung der Rezeption von Sicherheitsmaßnahmen gegen nationale Terroristen einerseits und internationalen Terroristen andererseits ist ebenso nicht auszuschließen.[527]

Insgesamt lässt sich kein demoskopischer Trend zur generellen Unzufriedenheit mit dem Regierungshandeln feststellen. Dennoch wird deutlich, dass die ökonomische, soziale und öffentliche Sicherheit sehr bewusst als fragil wahrgenommen wurde.

---

[522] Spiegel-Umfrage in: Der Spiegel; Heft 44 / 1972; S. 60.
[523] Jäger, Innenpolitik, S. 88 f.
[524] Werte der Kategorie „Gute Meinung"; Jahrbuch der öffentlichen Meinung, S. 317.
[525] Ebd., S. 594.
[526] Diese Unschärfen der Demoskopie zeigen sich bei jeder Wahlumfrage erneut. So sagte Allensbach kurz vor der Wahl 1972 noch die CDU/CSU als deutlichen Wahlsieger vorher. Vgl. Umfrage-Werte nach Allensbach in Der Stern; Heft 46 / 1972; S. 3.
[527] Vgl. Der Spiegel; Heft 40 / 1972; S. 95-97.

III.4 Die Bürgermeinung – Härte und Nachhaltigkeit

Die Bürgermeinung, die sich in vielen Briefen an die verschiedenen politischen Verantwortungsträger manifestierte[528], spiegelt eine starke Emotionalität und gleichzeitig ein deutliches Handlungsbewusstsein wider. Zwei grobe Linien lassen sich ausmachen, die nach dem „Scherbengericht"[529] die Forderungen charakterisieren: erstens – der Ruf nach Härte gegen arabische Terroristen oder Israel, und zweitens – der Ruf nach langfristigem und grundlegendem Handeln.

Der Ruf nach Härte ist nach derart emotionalen und Ohnmacht demonstrierenden Ereignissen nicht erstaunlich. Die Rückbesinnung eines Bürgers auf ein biblisches Motiv zeigt die tiefe Verwurzelung von Aktion und harter Reaktion: „Wir fordern härteste Bestrafung […]. Wer Wind sät – soll Sturm ernten."[530] Nicht ganz bis auf biblische Zeiten zurück, aber doch mit der damals jüngeren Geschichte der nationalsozialistischen Gewaltherrschaft sahen viele Bürger die Ereignisse von München und Zagreb verknüpft. Wie sehr diese außergewöhnliche Situation Erinnerungen an überwunden geglaubte Zeiten wachriss, schrieb Gertrud K.:

> „Nach diesen, heute zu Ende gegangenen Spielen, zeigt es sich, nach dem Überfall auf die israelischen Sportler, wie sehr wir immer noch an der Vergangenheit zu tragen haben. Wir alle waren erschüttert über die Vorgänge. Obgleich wir selbst, wir Deutsche gar nichts damit zutun hatten, kamen alte Vorurteile sofort wieder hoch. Was sind 20 oder 30 Jahre? Was unter Hitler angerichtet wurde, kann ein Volk nicht so schnell vergessen."[531]

Auch Erich K. schrieb dazu: „Wir wähnten uns gefeit, imprägniert mit Melancholie und geimpft mit Zynismus."[532] Bei einigen Rufen nach Härte schwin-

---

[528] Der Begriff der Bürgermeinung lehnt sich an die Rousseau'sche Vorstellung vom *citoyen* an, der im Geiste der Aufklärung aktiv und eigenverantwortlich am öffentlichen Leben teilnimmt. Vgl. Rousseau, J.-J.: Gesellschaftsvertrag; Stuttgart 1998. Selbstverständlich macht sich nur ein geringer Bruchteil der Bevölkerung überhaupt die Mühe, Briefe an Entscheidungsträger zu schreiben. Allerdings zeugt dies dann auch von einer besonders großen – sei es emotionalen oder inhaltlichen – Motivation. Erschwerend kommt hinzu, dass der größte Teil der Bürgerbriefe noch vor der Abgabe an die Archive in den Ministerien kassiert wurde (v. a. im BuKA). Zudem ist nicht immer klar, ob und wie auf entsprechende Briefe eingegangen wurde. Um die Authentizität der Quellen zu wahren, werden die gelegentlichen orthographischen Fehler hier ohne weitere Angaben unkorrigiert übernommen.
[529] Brief Günter Grass an Willy Brandt vom 7.9.72; WBA / BK 6, 212.
[530] Brief Hans K. an das NOK vom 6.9.72; BArch B 185 / 3231. In der Bibel findet sich das Motiv im Alten Testament bei Hosea, 8,7.
[531] Brief Gertrud K. an BM Scheel vom 11.9.72; AdL 35 / 64, 2206.
[532] Leserbrief in Der Spiegel, Heft 39 / 1972, S. 10. Die quellentheoretischen Unterschiede zwischen veröffentlichten (und damit von einer Redaktion vorausgewählten) und privaten Briefen können für die hier untersuchte Fragestellung vernachlässigt werden.

gen, gerade wegen des latenten Vergangenheitsbewusstseins, höchst zweifelhafte Gedanken mit.[533] So schrieb Arthur E. mit nicht auszuschließender Rekurrierung auf nationalsozialistische Tugenden an Bundespräsident Heinemann: „Die Allergie gegen jede Uniform und Disziplin ist ein Zeichen geistiger Schwäche."[534]

Diese Art von Briefen zeigt auch, wie stark die Schatten der Vergangenheit auf der ersten Regierung Brandt lasteten. Gerade die betonte Abgrenzung der Olympischen Spiele von München von den Spielen 1936 in Berlin führte zu einer Art Dauerpräsenz der alten Geister. Die Vorwürfe aus dem Ausland, aber auch das hier dokumentierte Aufreißen alter Wunden sowie das Aufkeimen nationalsozialistisch geprägten Gedankenguts erhöhten den politischen Erfolgsdruck. Denn jede Schwäche des bundesrepublikanischen Systems musste als Punkt für die ideologische Konkurrenz – egal ob links oder rechts – gerechnet werden. Die Angst vor einer schwachen Bonner Republik als Erbin der Weimarer Republik[535] war in der Nachkriegspolitik durchaus präsent und wie sich hier zeigt auch wert, ernst genommen zu werden.[536] Genau aus dieser Motivation heraus rief Günter Grass Bundeskanzler Brandt schon 1970 nach einem Sprengstoffanschlag auf dem Flughafen München-Riem[537] zu klaren Signalen auf: „Hier ist die Grenze der Toleranz erreicht; hier gilt es zu zeigen, daß die parlamentarische Demokratie Toleranz nicht als Schwäche versteht, vielmehr den Mißbrauch der Toleranz hart zu bekämpfen weiß."[538]

Auch die Aufforderungen, deutlich mehr Härte gegen Israel walten zu lassen, lassen die Geister der Vergangenheit erahnen: „[D]as Maß ist voll. […] Was aber jetzt von Israel, dem wir unsere Freundschaft zu den Staaten Arabiens als

---

[533] Insbesondere Leserbriefe in Zeitschriften wie Der Stern liefern gute Belege dafür, wie präsent nationalsozialistisches Gedankengut in den öffentlichen Medien noch war. Vgl. z. B. Der Stern; Heft 41 / 1972; S. 7-9 oder Heft 48 / 1972; S. 7 zur Bundestagswahl: „Ich möchte ein Reich haben, welches sauber ist […] Mein Mann ist Franz Josef Strauß".

[534] Viele Beispiele für diese Haltung sowie das zitierte Schreiben vom 9.9.72 finden sich in BArch B 185 / 3231.

[535] Vgl. hier insbesondere den Brief von Siemens-Vorstand Tacke, der befürchtete, dass der „vielgelobte Rechtsstaat wieder nicht nur zum Raum der Freiheit (nur zu häufig der mißbrauchten), sondern erneut zum Raum der Feigheit werden" könnte; Brief vom 30.5.72 an PStS im BMWi, Mommsen; WBA / BK 14, 98.

[536] Die Frage „ist Bonn doch Weimar?" stellte auch Karl Dietrich Bracher angesichts der eskalierenden Gewalt zum Ende der 1970er Jahre. Vgl. Bracher, K.: Die unerbittlichen Lehren. Gewalt in der Weimarer Republik und in der Bundesrepublik; in: Extremismus. Terrorismus. Kriminalität; hg. v. BPA; Bonn 1978; S. 49-53. Auch in Das Parlament vom 21.1.78.

[537] Zum Vorgang des Anschlags in der Abfertigungshalle einer El-Al-Maschine selbst vgl. BHStA / MInn 90131.

[538] Brief Günter Grass an Willy Brandt vom 12.2.70; WBA / BK 6, 96.

Opfer brachten, an Deutschfeindlichkeit betrieben wird, sollte dazu ausreichen, jetzt hart gegen zu steuern."[539] Ein Spiegel-Leser schrieb: „Es wäre wohl an der Zeit, die Bundesrepublik Deutschland, die ein Tummelplatz von ausländischen Terror-Organisationen [...] geworden ist, zu säubern."[540] Vorausschauendes und überlegtes Handeln konnte der aufmerksamen Öffentlichkeit offenbar nicht vermittelt werden. In Medien kursierte der Eindruck der „Entschlußlosigkeit"[541]. Nicht wenige aufmerksame Bürger bemerkten, wie improvisiert das politische Handeln war:

> „[W]er will auf Grund der ersten Vorgänge behaupten, daß diese Männer vornehmlich Mordanschläge im Sinne hatten. Anstatt das die verantwortlichen Regierungsbeamten die einfachste Lösung wählten und die Gruppe ziehen ließen, schaffte man in völliger Verkennung der Lage einen neuen Katastrophenfall. und erreichte gar nichts obwohl selbst ein Kind die Ereignisse voraussehen konnte."[542]

Den eindringlichsten, wenn auch indirekten Ruf nach langfristigem Handeln, formulierten die Hinterbliebenen der israelischen Athleten in einem Brief an den deutschen Bundespräsidenten:

> „We cannot but dread that the decision to release the muderers will encourage them to continue to leave their trail of blood an destruction across sportfields, airports and civilized life. We fear the me[s]sage that the terrorists will learn is that the German Federal Republic is willing to abide their behaviour."[543]

Aber auch von deutscher Seite wurde das kurzfristige und wenig nachhaltige Handeln beklagt: „Was die Frage der künftigen Sicherung der Bewohner Westeuropas vor weiteren Terroranschlägen von palästinensischen Organisationen, wie ‚Schwarzer September' u.a. betrifft, so wurde bisher keine Stimme laut, die dafür plädiert hätte, das Übel an der Wurzel anzupacken."[544] Wie das hätte aussehen können, schrieb Detlef K. in ungeschnörkelten Worten an den Minister: Er drängte, dass „die Frage eine Rolle spielen sollte, wie man den Schweinestall der Palästina-Flüchtlinge ausmisten kann, der die internationalen Beziehungen permanent vergiftet und auf diese Weise allen teurer zu stehen kommt, als wenn dieses Problem ein für alle Mal aus der Welt geschaffen

---

[539] Günter H. an das AA vom 1.11.72. Der Tenor des Briefes insgesamt und die Unzufriedenheit über die „Kriegsfolgelasten zu Gunsten Israels" rücken den Verfasser in ein fragwürdiges Licht; PA B 36 / 509.
[540] Leserbrief in Der Spiegel; Heft 39 / 1972; S. 10. Vgl. auch die Leserbriefe zum Vorfall von Zagreb in Der Spiegel; Heft 48 / 1972; S. 11 f.
[541] Spiegel-Gespräch mit BK Brandt vom 25.9.72. Erschienen in Heft 40 / 1972; S. 24.
[542] Brief P. an BM Scheel vom 7.9.72; AdL A 35 / 77, 1000.
[543] Brief der Hinterbliebenen an Bundespräsident Heinemann vom 20.11.72; PA B 36 / 505.
[544] Handschriftlicher Brief Gunda W. an BM Scheel vom 24.9.72; PA B 1 / 509.

wird."⁵⁴⁵ Dieses Kosten-Nutzen-Kalkül einer ‚nachhaltigen' Nahostpolitik spielte in erstaunlich vielen Briefen eine Rolle. Auch detaillierte Vorschläge zur Beilegung des Nahostkonflikts gingen im Außenministerium ein – so z. B. die Idee, Land von Syrien und Jordanien zu kaufen und als Palästinenserstaat unter VN-Verwaltung zu stellen. Getragen war diese Idee abermals von einer ökonomischen Logik:

> „Die dafür benötigten Geldmittel [...] dürften nicht als ein zu hoher Preis angesehen werden im Verhältnis zu den bisher aufgewendeten Abwehrkosten und Schäden, welche durch den Terror hervorgerufen worden sind und noch werden. (gedacht ist an die Lufthansa-JUMBO-Entführung nach dem Yemen und das dafür gezahlte Lösegeld!)"⁵⁴⁶

Und deutlich schärfer als in jedem Ministerialdokument wurde ein grundlegendes Strukturproblem benannt: „In dem Maße, in dem die Völker immer mehr zusammenzuarbeiten haben, verschwinden die Grenzen die Innen- und Außenpolitik voneinander trennen."⁵⁴⁷ Und dass die Bundesrepublik der 70er Jahre, ungeachtet des formalen Status' als Nachkriegsprovisorium, außenpolitisch eine wichtige Rolle spielen sollte, stand außer Frage: „[D]ie BRD hat aufgrund ihrer finanziellen Lage und aufgrund ihres fortschrittlichen Wirkens ein Ansehen gewonnen, das sie berechtigt, und m.E. verpflichtet, ihren Einfluß geltend zu machen"⁵⁴⁸.

Die Briefe vermitteln das Gefühl, dass unzureichende und ungenügende Antworten auf die Ängste der Zeit gefunden worden waren. Der Ruf nach mehr Taten – nach Härte oder nach langfristigem Handeln im Falle des Olympiaanschlags – entsprang einem aufkeimenden Ohnmachtsgefühl, hinter dem häufig auch die Ängste der Vergangenheit verborgen lagen.

III.5 Wandel des Zeitgeistes – Zeitenwende?

Diese Einzelmeinungen ordnen sich in einen interessanten historiographischen Kontext. Eine Vielzahl von Historikern, darunter Arnulf Baring, erkennen einen „Stimmungs- und Richtungsumschwung im Lande [...] irgendwo

---

[545] Brief Detlef K. an BM Scheel vom 9.9.72; AdL A 35 / 65, 1161.
[546] Der erwähnte Vorfall fand am 21.2.72 statt. Damals wurden von der Deutschen Lufthansa 16 Mio. DM bezahlt, um die 166 Passagiere eine Jumbo-Jets freizukaufen. Das Geld wurde später aus Haushaltsmitteln des Bundes erstattet. Zitat: Brief und Memorandum vom 16.9.72 an BK Brandt und BM Scheel; k. w. A.; PA B 1 / 509.
[547] Brief Detlef K. an BM Scheel vom 9.9.72; AdL A 35 / 65, 1161.
[548] Brief Emma T. an BK Brandt vom 15.11.72; Herv. übern.; PA B 36 / 509.

zwischen 1972 und 1974"[549]. Karl Dietrich Bracher machte um 1973 einen sich „wandelnde[n] Zeitgeist"[550] aus. Grundlegende Veränderungen hatten die Bundesrepublik in dieser Zeit ergriffen, teils gewollt, teils ungewollt. Hatte Willy Brandt bei seiner ersten Regierungserklärung 1969 noch „Keine Angst vor Experimenten!" postuliert und ein beachtliches Reformprogramm eingeleitet, traten an „die Stelle der großen Erwartungen […] nach wenigen Jahren die großen Befürchtungen."[551]

Diese grundlegende Stimmung in der Bundesrepublik erfasste 1972 auch der gerade aus den USA zurückgekehrte Kanzlerberater Klaus Harpprecht. Er bemerkte „die merkwürdige innere Unruhe und Ängstlichkeit der Deutschen inmitten ihrer blankgeputzten Welt":

> „Wenn man dieses Land im Abstand von einigen Monaten wiedersieht, spürt man die Nervosität und Unzufriedenheit geradezu physisch. Man spürt aber auch ein Verlangen nach innerem Frieden, nach gelassenem Selbstvertrauen."[552]

Das unscharfe Signalwort der „Tendenzwende" geisterte durch Politik und Medien und bezeichnete häufig das, worin man eine „ökonomische und ökologische Fortschrittkrise"[553] zu erkennen glaubte. Plötzlich tauchte die „'Angst' als spezifisch deutsche Gegenfigur des Fortschrittsgedankens"[554] auf. In neueren Forschungen wird das Element der ‚Krise' in den 1970er-Jahren hervorgehoben.[555] Zwei Linien zeichnen sich ab, die nach Charles S. Maier in „structural narrative" und „moral narrative" unterteilt werden können.[556] Strukturorientierte Ansätze sehen üblicherweise eine Häufung von unbeeinflussbaren und doch provozierten Ereignissen – les „invités inattendus"[557], wie Jean Fourastié es nannte – mit weltumspannenden Konsequenzen als

---

[549] Baring, A.: Es lebe die Republik, es lebe Deutschland! Stationen demokratischer Erneuerung 1949-1999; Stuttgart 1999; S. 234.
[550] Bracher, K.: Politik und Zeitgeist. Tendenzen der siebziger Jahre; in: Republik im Wandel. 1969-1974. Die Ära Brandt; hg. v. dems. u. a.; Stuttgart 1986; S. 285.
[551] Ebd. S. 285 und 338.
[552] Brief Harpprecht an BK Brandt vom 15.9.72; WBA BK / 9, 74.
[553] Bracher, Zeitgeist, S. 346 und 393.
[554] Ebd. S. 352.
[555] Eine Tagung unter dem Thema „Krise des Regierens in den 1970er Jahren? Deutsche und westeuropäische Perspektiven" fand vom 13. bis zum 14.10.2005 am Seminar für Zeitgeschichte in Tübingen statt. Der Tagungsbericht von T. Dannenbaum u. a. ist online unter http://hsozkult.geschichte.hu-berlin.de/tagungsberichte/id=924 verfügbar. Stand vom 27.1.2006.
[556] Vgl. Maier, C.: Consigning the Twentieth Century to History. Alternative Narratives for the Modern Era; in: AHR 105 (Juni 2000); S. 807-831.
[557] Fourastié, J.: Les Trente Glorieuses ou la révolution invisible de 1946 à 1975; Paris 2005; S.169. Diese raffiniert geschriebene, eigentlich ökonomische Studie aus dem Jahr 1979 sieht die Folgen der Ölpreiskrise 1973 als Endpunkt der 30-jährigen Gesellschaftsentwicklung.

Grund für die damalige Wahrnehmung einer Krise: die Veröffentlichung der MIT-Studie „Die Grenzen des Wachstums" 1972[558], der sukzessive Zusammenbruch des Weltwährungssystems von Bretton Woods, der Ölpreisschock im Herbst 1973[559] im Zusammenhang mit dem Nahost-Krieg. Begleitet wurde dies von einer Tendenz zur Stagflation und steigenden Arbeitslosenquoten zunächst in Großbritannien, später auch in den USA und der Bundesrepublik: die „Krisenzeit der Internationalen Ordnung" und die „Krise der Industriegesellschaft"[560] war angebrochen. Politisch wurde dies markiert durch „einen Wandel von aktiver Reformpolitik hin zu reaktivem Krisenmanagement"[561].
Ideenorientierte und somit langfristigere Ansätze rücken die starke „Veränderung gesellschaftlicher wie moralischer Verhaltensformen und Wertmaßstäbe"[562] und die „Ablösung eines gesellschaftlichen Grundkonsenses"[563] in den Vordergrund. Jean Fourastié erkannte Mitte der 1970er-Jahre den „homme nouveau"[564]. Die politische Gewalt in Deutschland, mit der eine „Verbiegung und Verunklarung des Gewaltbegriffs"[565] einherging, markiert einerseits eine „Krise des Regierens"[566], andererseits führte sie zu einer Entwicklung der ‚Sicherheit' als „gesellschaftliche[s] Wertsymbol." Nach dem ersten Drittel der 70er Jahre beginnt für Eckart Conze das „Jahrzehnt der ‚Inneren Sicherheit'."[567]
Fügt man diese Ansätze zu einem großen Bild zusammen, wird plausibel, warum Charles S. Maier Anfang der 1970er Jahre sogar eine weltgeschichtliche

---

[558] Meadows, D. u. a.: Die Grenzen des Wachstums. Bericht des Club of Rome zur Lage der Menschheit; Stuttgart 1972. Es darf jedoch nicht übersehen werden, dass ökologische Fragestellungen – auch in den Ministerien – schon vorher zunehmend an Gewicht gewonnen hatten. Vgl. Hünemörder, K.: Die Frühgeschichte der globalen Umweltkrise und die Formierung der deutschen Umweltpolitik (1950 - 1973); Diss. Kiel 2002; Stuttart 2004.
[559] Vgl. Hohensee, J.: Der erste Ölpreisschock 1973/74. Die politischen und gesellschaftlichen Auswirkungen der arabischen Erdölpolitik auf die Bundesrepublik Deutschland und Westeuropa; Diss. Kiel 1994; Stuttgart 1996.
[560] Dannenbaum, Tagungsbericht, Beiträge Sektion 1 und 5.
[561] Ebd., Schlusskommentar Edgar Grande.
[562] Bracher, Zeitgeist, S. 338.
[563] Dannenbaum, Tagungsbericht, Beitrag Sektion 2.
[564] Fourastié, Trente, S. 171.
[565] Bracher, Zeitgeist, S. 338.
[566] Dannenbaum, Tagungsbericht, Beitrag Sektion 3.
[567] Conze, Sicherheit, S. 365 und 359.

Jahrhundertwende erkennt.[568] Andere Autoren sprechen vom „Beginn einer neuen Epoche": „die ‚zweite Moderne'".[569]

Die Anschläge von München und Zagreb ereigneten sich in einer Zeit des sich abzeichnenden gesellschaftlichen Umbruchs. Die hier untersuchte öffentliche Meinung hat diesen Umbruch nicht bewusst mit den Anschlägen in Verbindung gebracht, vielmehr verschwand mit den Attentätern auch das öffentliche Interesse. Eine Debatte um den Internationalen Terrorismus fand nicht statt, wohl aber um Auswirkungen der ‚Gastarbeiterproblematik'. Die demoskopischen Erkenntnisse offenbarten zwar eine grundlegende, vor allem ökonomische Unsicherheit, jedoch keine messbare Unzufriedenheit mit dem Regierungshandeln als Massenphänomen. Die aufgezeigten Einzelbeispiele lassen jedoch erkennen, dass die emotionale Verunsicherung als Ruf nach mehr Aktionismus in Form von Härte und langfristigerem Handeln durchaus artikuliert wurde. Der sich darin widerspiegelnde Wunsch, dem Internationalen Terrorismus aktiv zu begegnen, greift der Politik der Zeit voraus. Dass die Anschläge von München und Zagreb zusammen mit den Ereignissen der Folgejahre zu einer Verstärkung des Gefühls der gesellschaftlichen Verunsicherung und Angst[570] und damit – nach Maier – zum Zeitenwandel beitrugen, erscheint plausibel.

---

[568] Seine zur Jahrtausendwende in der AHR erschienene Analyse bezieht „structural narrative" und „moral narrative" mit ein und entwickelt ein Konzept der Territorialität zur Bestimmung von Zeitenwenden. Vgl. Maier, C.: Consigning the Twentieth Century to History. Alternative Narratives for the Modern Era; in: AHR 105 (Juni 2000); S. 807-831.
[569] Beide Zitate in Dannenbaum, Tagungsbericht, Einleitungsvortrag und Beitrag Sektion 2. Der unscharfe Begriff ‚Zweite Moderne' grenzt sich von der ‚klassischen Moderne' ab. Beide Begriffe sind aus der Kunsttheorie entlehnt, wovon letzterer nicht zuletzt von Detlev Peukert in die geschichtswissenschaftliche Diskussion eingebracht wurde. Dieser umfasst die Zeit seit der Jahrhundertwende, in der Deutschland den „soziokulturellen Durchbruch der Moderne" erlebte, bis tief in die 1960er Jahre. Vgl. Peukert, D.: Die Weimarer Republik. Krisenjahre der Klassischen Moderne; Frankfurt am Main 1987; S. 11 f. u. 166. Ebenso ders.: Max Webers Diagnose der Moderne; Göttingen 1989; S. 65f.
[570] Vgl. Conze, Sicherheit, S. 374 f.

IV Mangelnder Wille oder verzerrte Wahrnehmung? Erklärungsansätze

Wenn man nach den Reaktionen der Bundesregierung auf die Anschläge fragt, reicht eine kritische Analyse der Maßnahmen nicht aus. Gerade angesichts der vom Handlungszwang und mittelfristiger Passivität getragenen Maßnahmen nach den Anschlägen stellt sich die Frage nach einer Erklärung, die den Maßnahmen den Handlungswillen gegenüberstellen muss. Welche Gründe gab es dafür, dass das Thema nach wenigen Wochen von der politischen Agenda verschwunden war?

IV.1 Die Zeitfrage

Die einfachste, aber sicher nicht monokausal ausreichende Erklärung ist die Zeitfrage. Der Beruf des Spitzenpolitikers bringt immer einen Terminplan an der Grenze der Belastbarkeit mit sich. Dennoch muss die Situation Willy Brandts in diesem, ihn bis zur Stimmbanderkrankung treibenden Wahlkampf als besonders anstrengend bewertet werden.[571] Außenminister Scheel reiste Anfang Oktober nach New York zur Generalversammlung der VN, danach nach China, und auf dem Höhepunkt der Ereignisse in Zagreb befand er sich in Moskau.[572] Die langwierigen Verhandlungen um den Grundlagenvertrag mit der DDR[573] nahmen die führenden Außenpolitiker in Anspruch, was eine wenig ausgeprägte Neigung erklären könnte, grundsätzliche und umfassende Themenkomplexe wie den Internationalen Terrorismus anzufassen. Natürlich sind keine direkten Quellen zur übermäßigen Arbeitsbelastung zur Zeit der Anschläge anzuführen, da sich jeder Politiker oder Spitzenbeamte damit für weitere Ämter disqualifiziert hätte. Dennoch kann der Kommentar des Spiegel-Journalisten Günter Gaus als gute Einschätzung dafür gelten, dass das ‚Verschwinden' des Terroristenproblems nicht gerade ungelegen kam:

---

[571] Die „Strapazen seiner täglichen, pausenlosen Wahlkampfauftritte" (Baring, Machtwechsel, S. 510) sind in seinem Nachlass im WBA sehr eindrucksvoll dokumentiert.
[572] Die Reise nach China stand im Zusammenhang mit der „trianguläre[n] Politik" der USA mit der Sowjetunion und der Volksrepublik, in deren Folge sich auch die bilateralen Beziehungen zwischen China und der Bundesrepublik vertieften. Vgl. Link, W.: Außen- und Deutschlandpolitik in der Ära Brandt 1969-1974; in: Republik im Wandel. Die Ära Brandt; hg. v. K. D. Bracher, W. Jäger und W. Link; Stuttgart 1986; S. 232 und 242.
[573] Der Grundlagenvertrag wurde am 21.12.72 zwischen der Bundesrepublik und der DDR unterzeichnet.

„Der Austausch der palästinensischen Terroristen gegen die Geiseln im Lufthansa-Flugzeug ist insgeheim vom erleichterten Aufatmen aller damit befaßten Behörden und auch der Opposition begleitet worden. Die Bundesrepublik war so ein Problem losgeworden, das weder von CSU-Merk noch von FDP-Genscher hätte gelöst werden können. [...] ein Stück staatlich sanktionierter Anarchismus [...] ist in der Entwicklung enthalten."[574]

Natürlich ist die Zeitfrage in erster Linie auch eine Prioritätenfrage. Dennoch darf das wenn auch schwache Argument nicht übersehen werden, dass der Handlungshorizont eines Außenministers in Peking oder eines Bundeskanzlers auf der Wahlkampftribüne einfach eingeschränkt ist.

IV.2 Konsens des Schweigens und Terminalität

Willy Brandt äußerte auch im Zusammenhang der fortgesetzten Anschläge der sogenannten „erste[n] RAF-Generation"[575]: „Hysterie sei ebenso wenig am Platz wie eine Verharmlosung".[576] Dieser Aufruf zur Ruhe und Sachlichkeit wandelte sich in Fragen des Internationalen Terrorismus zum offiziellen Schweigen. Durch eine Art überparteilichen Konsens wurde die Thematik nicht in den Bundestagswahlkampf einbezogen. In der zunehmend wichtiger werdenden Wahlwerbung im Fernsehen spielten die Anschläge oder Internationaler Terrorismus keine Rolle. Vielmehr versuchte die CDU mit ihrem Spitzenkandidaten Rainer Barzel eine allgemeine Angstkulisse aufzubauen, die stark den Linksextremismus ins Zentrum rückte.[577]

Dieser Konsens war u. a. dem Gedanken geschuldet, dass man Terroristen – ob national oder international – nicht durch öffentliche Aufmerksamkeit belohnen dürfe.[578] Willy Brandt erklärte im Bundeskabinett, dass es „[u]nverantwortlich" wäre, „dieses Geschehen [sc. die Anschläge], seine Vor-

---

[574] Gaus, G.: Schlapper Staat?; in: Der Spiegel, Heft 46 / 1972, S. 25. In der Tat hatten interne Gutachten des BMJ auf die rechtlichen Schwierigkeiten im Umgang mit den drei Terroristen hingewiesen. Da die Nationalität der Terroristen ungeklärt blieb, bestanden auch große Zweifel an der gerichtlichen Zuständigkeit Israels, die Voraussetzung für eine bewilligte Auslieferung wären. Vgl. Vermerk von MR Pötz vom 7.9.72; BArch B 141 / 30899.
[575] Peters, B.: RAF. Terrorismus in Deutschland; Stuttgart 1991; Kapitelüberschrift S. 31.
[576] Willy Brandt nach einem Gespräch mit Gustav Heinemann zum Thema Innere Sicherheit am 21.2.72; WBA / BK 22, 81.
[577] Vgl. Spiegel-Artikel zur Wahlwerbung; Der Spiegel; Heft 42 / 1972; S. 29 f.
[578] Vgl. Interview der Frankfurter Rundschau mit Willy Brandt, erschienen am 12.9.72; im gleichen Sinne äußerte sich auch BM Genscher in einem Interview mit dem Deutschlandfunk vom 1.10.72. Gegen „parteipolitische Süppchen" sprach er sich am 8.10.72 in einem Interview mit dem Saarländischen Rundfunk aus; beide Rundfunkinterviews transkribiert: BArch B 106 / 146543.

geschichte und seine internationalen Auswirkungen zum Gegenstand parteipolitischen Streits zu machen."[579]

Die wahlkampfstrategischen Erwägungen sind evident, zumal auch die Medien nach kurzer Zeit schwiegen. Doch zog sich die aus heutiger Sicht frappierende Nicht-Thematisierung des Internationalen Terrorismus sowohl durch die Gipfeltreffen des Bundeskanzlers als auch durch die Gremien der Regierungsparteien. Die dortige Erwähnung war marginal und dem Protokoll geschuldet. Willy Brandt erwähnte in seiner Funktion als SPD-Parteivorsitzender auf der ersten Bundestagsfraktionssitzung nach der Sommerpause 1972 den Anschlag nur innerhalb einer längeren Aufzählung: Wir haben „uns mit zahlreichen Fragen [...] zu befassen gehabt, von denen ich hier nur einige registrieren will: - die Olympischen Spiele und deren gewaltsame Unterbrechung"[580]. Eine weitere Beschäftigung mit dem Thema fand daraufhin nicht statt. Interessant ist an diesem Zitat, dass die Namensgebung die Olympischen Spiele in den Vordergrund rückt und somit ein Verständnis des Anschlags als singuläres Ereignis offenbart. Auch auf Bundesfraktionsebene ließen sich keinerlei Hinweise auf eine Beschäftigung mit den Vorfällen von Zagreb finden, was diesen Eindruck nur unterstreicht; Aktenbestände der Bundestagsfraktion zum Thema Terrorismus beginnen erst 1975.

Sehr ähnlich verhielt es sich auch bei der FDP-Bundestagsfraktion. Die Behandlung der Problematik erschöpfte sich laut den Protokollen in „Gedenkminuten für die Opfer" und eine „2minütige Ansprache des Präsidenten"[581]. Ganz offensichtlich war der Bundestagswahlkampf in den Reihen der Abgeordneten drängender. Nur ein außenpolitisches Thema schaffte es am Rande auf die Agenda: die internationale Geldpolitik.

Gleichzeitig war der Gedanke von Terminalität und Singularität des internationalen Terrorismus in Deutschland stark ausgeprägt. Dies vermittelt sowohl die Fernsehansprache des Bundeskanzlers zum Abschluss der Olympischen Spiele[582], die nur in zwei Sätzen auf den Anschlag eingeht, aber auch die äußerst geringe Thematisierung des Ereignisses in den Abschlussberichten der Einsatzkräfte, die nur in den seltensten Fällen einen Zukunftsaspekt er-

---

[579] BK Brandt im Bundeskabinett am 31.10.72; Meldung des BPA; PA B 36 / 501.
[580] Protokoll der SPD-Bundestagsfraktionssitzung vom 19.9.72; AdsD SPD-BT-Fraktion / 6. WP, 117.
[581] Kurzprotokoll der FDP-Bundestagsfraktionssitzung vom 19.9.72; AdL A 41 / 40.
[582] Fernsehansprache Willy Brandt vom 12.9.72; im Bulletin der BuReg vom 14.9.72 / 125, S. 1547 f.

wähnen.[583] Unterstrichen wurde dies noch von der Haltung, bereits alles Notwendige getan zu haben: „Die Maßnahmen schöpfen dasjenige aus, was in der Demokratie möglich ist."[584]

Somit zeigt sich, dass nicht die inhaltliche Komplexität eine Thematisierung verhinderte sondern die Bewertung der Dringlichkeit vor dem Hintergrund des Wahlkampfs. Einem offenbar als singulär eingeschätztes Ereignis kam dabei ein geringeres Gewicht zu als das von vielen Bürgern beklagte Phänomen der Stagflation, was wiederum den Konsens des Schweigens und einem Beharren auf Terminalität erhärtete.[585]

IV.3 Tragweite von Expertenwissen

Eine weitere, eher strukturelle Erklärung der schwachen Reaktionen ist die Kluft zwischen dem Wissen der Experten und dem der politischen Führungspersonen, der sich vergrößert, je mehr Ressorts inhaltlich betroffen sind. Die selektive Wahrnehmung bestimmter Informationen spielt hier ebenfalls eine Rolle.[586]

Die entsprechenden Fachreferate und Sicherheitsbehörden hatten sich schon lange Zeit vor den Vorfällen von München und Zagreb mit dem internationalen Terrorismus – sei es mit der sogenannten „Luftpiraterie"[587] oder palästinensischen Widerstandsgruppen – beschäftigt. Das AA zum Beispiel erhielt schon 1970 von den ortsnahen Auslandsvertretungen umfangreiche Dokumentationen über palästinensische Widerstandsgruppen[588] und unterhielt ein breites Netz an Informanten und Einflussnehmern vor Ort.[589] Auch lässt sich ein reger Austausch zwischen den Sicherheitsbehörden nachzeichnen, der so-

---

[583] Der zusammenfassende Bericht von Polizeipräsident Schreiber an Landesinnenminister Merk vom 31.1.73 geht bei über 300 Seiten nur mit knapp einer Seite auf den Anschlag ein. Dies ist so wenig, dass amerikanische Militärvertreter und andere internationale Sportgroßveranstalter dringend um umfassendere Auskünfte baten. Vgl. BHStA / MInn 88584. Lediglich der Bericht von Kuring verzeichnet „Erkenntnisse und Empfehlungen" (S. 6).

[584] BfV-Präsident Nollau in einem Schreiben an die BILD-Redaktion vom 13.9.72; BArch B 106 / 146540.

[585] Zur „wirtschaftliche[n] Misere" und Inflation vgl. Schreiben Scheel; AdL A35 / 5, 701. Zur ökonomischen Bedeutung im Handeln der Regierung Brandt vgl. Görtemaker, Bundesrepublik, S. 571.

[586] Zur selektiven Wahrnehmung vgl. Diekmann, Sozialforschung, S. 44-48.

[587] BK Brandt im Bundeskabinett am 31.10.72; Meldung des BPA; PA B 36 / 501.

[588] Die Berichte sind teilweise über 40 Seiten stark und in jeder Hinsicht sehr detailliert. Vgl. PA B 36 / 402.

[589] Z. B. wurden Nachrichten der Widerstandsgruppen an das AA über deutsche Unternehmen vor Ort übermittelt. Vgl. Schreiben des Hoechst-Mitarbeiters Hartung an VLR Bente vom 25.9.70; PA B 36 / 375. Auch der Schriftverkehr der AV Beirut mit dem AA offenbart gute Kenntnis der Gruppe ‚Schwarzer September'; vgl. PA B 36 / 509.

wohl den Aufenthalt der Top-Terroristin Leila Khaled und anderer kleinerer Terrorgruppen in Europa[590], wie auch die ebenfalls 1972 erfolgten Anschläge des ‚Schwarzen September' registrierte.[591]
Die nahezu bedingungslose Kompromissbereitschaft gegenüber den Terroristen[592] und eine geradezu forcierte Haltung des Aussitzens[593] in der Folgezeit steht hier in glattem Widerspruch zu den Erkenntnissen, die nicht nur im Nahen Osten mit dem Thema Internationaler Terrorismus gewonnen wurden. Dies manifestierte sich letztlich auch im unvereinbaren Widerspruch zwischen der westdeutschen und israelischen Haltung. Ein grundlegendes Problem liegt darin, dass von Spitzenpolitikern umfassende Kenntnis in beinahe allen Politikfeldern erwartet wird. Expertenwissen in Randgebieten ist da selten. Dies unterstreicht auch eine Einschätzung Willy Brandts über Conrad Ahlers: „Du [bist] in der Fraktion wahrscheinlich der einzige [...], der sicherheitspolitische Fragen kontinuierlich verfolgt hat"[594]. Dennoch lag das Grundproblem eher in einer Art von ‚Beratungsresistenz', wie es Arnulf Baring am Beispiel von Walter Scheel und dem Soziologen Ralf Dahrendorf aufgezeigt hat.[595]

IV.4 Linguistik und Mental Maps

Die bisher genannten Erklärungsansätze gehen von einer mehr oder weniger bewussten Nicht-Thematisierung aus. Dabei darf jedoch nicht vernachlässigt werden, dass das Machbare mit dem Denkbaren korrespondieren muss. Schon im 19. Jahrhundert erkannte u. a. Johann Gustav Droysen: Der menschliche „Geist [...] kann nur in sich aufnehmen, indem er das Viele und Verschiedene unter Gesichtspunkte, Kategorien, Zweckbestimmungen usw. zusammenfaßt und, was dahin nicht gehört, fallenläßt."[596] Auch Ludolf

---

[590] Zur geplanten Operation palästinensischer Terroristen vgl. Bayerisches LfV an das BMI vom 4.9.72; BArch B 106 / 5194.
[591] Vgl. z . B. die Informationen des Bayerischen LfV des 1. und 2. Quartals 1972; BHStA / Minn 89945 oder den Lagebericht zur Inneren Sicherheit vom 7.2.72 des BMI; PA B 36 / 509. Ebenso die vielfältigen Warnungen vor Anschlägen auf die Olympischen Spiele an das BMI; BArch B 106 / 78702.
[592] Vgl. die Fernseh-Ansprache Willy Brandts am Abend des 5.9.72; Transkription im Bulletin der BuReg vom 8.9.72 / 122, S. 1524.
[593] Vgl. Schreiben StS Frank an BM Scheel vom 13.11.72 zum Auslieferungsantrags an Libyen: „Wir sollten nicht von uns aus das Problem wieder erwecken." PA B 36 / 501.
[594] Handschriftlicher Brief Willy Brandt an Conrad Ahlers vom 22.11.72; WBA BK / 1, 56.
[595] Der Professor der Soziologie wurde unter Walter Scheel PStS im AA. 1970 verließ er dieses Amt aber nach nur einem Jahr wieder. Vgl. Baring, Machtwechsel, S. 293-295.
[596] Droysen, J.: Historik; zit. n. Herbst, L.: Komplexität und Chaos. Grundzüge einer Theorie der Geschichte; München 2004; S. 33.

Herbst betont: Der „*Linguistic turn* […] hat mit Nachdruck darauf verwiesen, daß ‚Sprache' aller menschlichen Erkenntnis voraus, unhintergehbar, kurz eine transzendentale Bedingung auch historischer Forschung"[597] sei. Auch der Fachbereich der kognitiven Linguistik, maßgeblich geprägt von Noam Chomsky, hat sich intensiv mit der Verbindung von Sprache, Geist und Politik befasst.[598]

Es ist auffällig, dass sich für das Thema Internationaler Terrorismus keine trennscharfe und einheitliche politische Begrifflichkeit ausprägte. Selbst die Bezeichnung der Terroristen als solche war zögerlich, meistens wurden sie als Revolutionäre, Desperados, Fedajin oder einfach als Palästinenser oder Araber bezeichnet. Dies belegt eindrucksvoll die Rundunkmeldung vom 6. September 1972 um 0:00 Uhr, die bei knapp drei Minuten Länge nicht einmal das Wort ‚Terrorist' erwähnt.[599] Auch Steven Spielberg, der mit seinem Film ‚München' Anfang 2006 das Augenmerk der Öffentlichkeit auf die Ereignisse von 1972 lenkte, wies auf das sprachliche Phänomen hin: „'Terrorist' und ‚Terrorismus' […] – das gab's [1972] gar nicht in meinem Wortschatz."[600]

Weiterhin ist bemerkenswert, dass, wie gezeigt, eine starke Verschränkung zwischen nationalem und internationalem Terrorismus bestand. Beispielsweise schrieb der FDP-Bundestagsfraktionsvorsitzende Wolfgang Mischnick:

> „Nach Einleitung aller notwendigen Maßnahmen zur Bekämpfung des Radikalismus, auch von ausländischen Terroristen, ist nunmehr die Stärkung des demokratischen Bewußtseins […] ein wichtiger Beitrag zur Eindämmung des Radikalismus"[601].

Der internationale Terrorismus erschien dem nationalen Terrorismus nebengeordnet. Diese begriffliche Verwischung – oder linguistisch: onomasiologische Unschärfe – verstellte den Blick auf die Spezifika des Internationalen Terrorismus und trug dazu bei, dass dieses Thema politisch der Inneren Sicherheit untergeordnet wurde.

---

[597] Herbst, Komplexität, S. 145.
[598] So auch der Untertitel der Überblicksdarstellung seines Werks: McGilvray, J.: Chomsky. Language, Mind, and Politics; Cambridge 1999. Hierin vor allem Kapitel 2: Mapping the Mind. Grundlegend für die Ansätze des Linguisten: Chomsky, N.: Language and Mind; New York 1968.
[599] Vgl. Rundfunkmeldung vom 6.9.72; 0:00 Uhr; Tondokument; online unter http://www.olympia72.de/060972-0uhr.mp3; Stand vom 27.1.2006.
[600] Spiegel-Interview mit Steven Spielberg; in Der Spiegel; Heft 4 / 2006; S. 115.
[601] Beitrag Wolfgang Mischnicks für die Zeitschrift ‚Weltbild' vom 11.10.72; AdL A 41 / 1092. Mit Radikalismus sind hier vorwiegend links- aber auch rechtsextreme Gruppierungen gemeint, die, wie gezeigt, die Maßnahmen zum internationalen Terrorismus überwölbten.

Ein neuerer, wenn auch aus den 1950er Jahren datierender Ansatz zur Perzeptionsordnung ist das eigentlich stadtplanerische Konzept der ‚mental maps' von Kevin Lynch.[602] Es spricht einiges dafür, dass nicht nur die Wahrnehmung von Orten, sondern auch von Ereignissen stark gefiltert und nach Erfahrungskategorien sortiert wird.[603] Dies würde die intuitive Neigung erklären, Ereignisse wie die hier behandelten Anschläge unter Innere Sicherheit zu subsumieren anstatt neue Begriffkategorien zu eröffnen. Die Bedeutung von Erfahrungswerten für Wahrnehmungen drückt auch ein bemerkenswertes Zitat von Leo Bauer aus. Der todkranke Stern-Journalist schrieb mit der lebensüberblickenden Weisheit eines Mannes, den weder Nationalsozialismus noch Kommunismus hatten umbringen können, wohl aber seine ruinierte Gesundheit, in einem persönlichen Brief an seinen Intimfreund Willy Brandt über dessen Rede zur Nobelpreisverleihung 1971:

> „Es fehlt mir nur im Hauptentwurf ein wenig der Hinweis auf das Sicherheitsbedürfnis jedes einzelnen Lebewesens. Vielleicht kannst du am Anfang noch ein oder zwei Sätze über die Kreatur hineinbringen, die ungewollt und ungefragt auf die Welt kommt, von der Natur aber dann ausgezeichnet wird mit dem Selbsterhaltungstrieb, dem Sicherheitstrieb. Und jede Politik für den Menschen, die das vergißt, ist keine Politik, keine echte Politik der Sicherheit."[604]

Ein semasiologisches Vorgehen, also die Frage nach der Wortbedeutung, kann den zentralen Begriff der ‚Sicherheit' für die Frage nach Denk- und

---

[602] Grundlegend dafür: Lynch, K.: Das Bild der Stadt; Gütersloh 1968. Lynch gebraucht diesen Begriff selber jedoch nicht, sondern spricht von Images. In seinen Studien Ende der 1950er Jahre am MIT ließ er Stadtpläne aus dem Gedächtnis zeichnen. Das gebräuchliche Bild der ‚mental map' ist jedoch eher irreführend, da Lynch gerade zeigt, dass das geistige Abbild, das der Mensch aus subjektiven Erfahrungswerten von der Umwelt/Stadt fertigt, sowohl verzerrt als auch vereinfacht ist. In neueren Studien wird die ‚kognitive Karte' vor allem für die Tourismusforschung genutzt. Vgl. Kliem, T.: Reisemotive, Reiseverhalten und Wahrnehmungen deutscher Touristen in Norwegen als Grundlage der Entwicklung neuer Konzepte für die norwegische Tourismuswirtschaft; Diss. Duisburg 2003.
[603] Ludolf Herbst entwickelt in seinen Erläuterungen zur Komplexität historischer Ereignisse auch die Verbindung zu stadtplanerischen Elementen: „Menschen sind in allen ihren Lebensbezügen ständig dabei, Komplexität zu reduzieren. Sie orientieren sich an Mustern und Modellen, benutzen Stadtpläne als Abbild von Städten und orientieren sich in der U-Bahn an höchst abstrakten Streckenführungen." Herbst, Komplexität, S. 29.
[604] Brief Leo Bauer an Willy Brandt vom 6.12.71; WBA / BK 2, 239.

Politikräumen nutzen.[605] Natürlich ist damals wie heute der Sicherheitsbegriff höchst vielfältig belegt und kann sich von Antiterror-Maßnahmen bis zur Reaktorsicherheit, Verbraucherschutz oder Rente erstrecken.[606] Dennoch zeichnen sich 1972 einige Kernbedeutungen ab:
Sicherheit als staatlicher Bürgerschutz weckte offenbar dunkle Befürchtungen vor einer ausufernden Staatsmacht. In der von Klaus Harpprecht formulierten Fernsehansprache für Willy Brandt schwingt die schwierige Gratwanderung zwischen zu starker und zu schwacher Demokratie mit: Alle Nationen

> „muessen dem einzelnen eine sicherheit garantieren, ohne etwas von den freiheiten preiszugeben, die uns erst zu buergern machen. aber fuer uns deutsche stellt sich dieser auftrag schaerfer, denn wir muessen glaubhaft machen, dass sich unsere demokratie vom makel der schwaeche und der kraftlosigkeit befreit hat."[607]

Sicherheit wurde angesichts einer sich zunehmend abzeichnenden Stagflation – besonders im Wahlkampf – sehr häufig als ökonomischer Begriff verwendet.[608] Der sukzessive Zusammenbruch des Weltwährungssystems von Bretton Woods und seine Auswirkungen spielten in den politischen Debatten der Zeit die zentrale Rolle. Auch die Gipfelgespräche zwischen Brandt und anderen Politikern thematisierten in erster Linie Inflation, steigende Benzinpreise und das Weltwährungssystem.[609]

---

[605] In seinen jüngsten Publikationen plädiert Eckart Conze dafür, den von ihm sehr umfassend definierten Begriff der Sicherheit als Leitvokabel für die Geschichte der Bundesrepublik zu verwenden. Vgl. Conze, E.: Sicherheit als Kultur. Überlegungen zu einer „modernen Politikgeschichte" der Bundesrepublik Deutschland; in: VfZ 3 / 2005; S. 357-380. In abgewandelter Form auch erschienen in der FAZ vom 31.10.2005 unter dem Titel „Unsere Sicherheit". Zur soziologischen Begrifflichkeit von ‚Sicherheit' vgl. das Standardwerk von Kaufmann, F.-X.: Sicherheit als soziologisches und sozialpolitisches Problem; Stuttgart ²1973. Etwas moderner und praxisbezogener: Bonß, W.: Die gesellschaftliche Konstruktion von Sicherheit; in: Sicherheit in der unsicheren Gesellschaft; hg. v. E. Lippert; Opladen 1997; S. 21-42.
[606] Zur historischen Entwicklung des Begriffs ‚Sicherheit' und seinen vielfältigen Ausprägungen vgl. Conze, W.: Sicherheit, Schutz; in: Geschichtliche Grundbegriffe. Historisches Lexikon zur politisch-sozialen Sprache in Deutschland; hg. v. O. Brunner, W. Conze u. R. Koselleck; Bd. 5; Stuttgart 1984; S. 831-862.
[607] Telex aus dem BKAmt an den persönlichen Referent Brandts, Schilling, in Feldafing bei München vom 8.9.72 mit der von Harpprecht formulierten Rede für das ausländische Fernsehen; WBA / BK 9, 3. Es ist nicht geklärt, ob Brandt die Rede tatsächlich gehalten hat.
[608] Vgl. die Umfrage zum Thema „Sorgen" vom Oktober 1972; in: Jahrbuch der öffentlichen Meinung; S. 350.
[609] Vgl. z. B. WBA BK / 50. 51, 52, 53 und 93. Das Weltwährungssystem von Bretton Woods (gegr. 1944) mit seiner Gold-Dollar-Parität war über die Nachkriegsjahrzehnte zusehends erodiert. Systemimmanente Konstruktionsfehler, aber auch der Unwille einiger Mitgliedsstaaten, v. a. USA, Westdeutschland und Frankreich, weitere Kosten für die Auf-

Postuliert wurde vor allem „Stabilität", die als Garant von ökonomischer Sicherheit auch mit öffentlicher Sicherheit verknüpft wurde[610]: „Zwischen gesellschaftspolitischer und wirtschaftlicher Stabilität und der Stabilität unserer staatlichen Ordnung besteht ein sachlicher Zusammenhang."[611]
Die Äußere Sicherheit hingegen war vom Ost-West-Konflikt dominiert und wurde militärisch verstanden. Sie fand ihre Thematisierung in der umstrittenen und die Außenpolitik dominierenden ‚Neuen Ostpolitik' Brandts, die im Kern einen Abbau des Konfliktpotentials vorsah. Lediglich die vom Kampf gegen den nationalen Terrorismus geprägte Innere Sicherheit mit ihrer institutionellen Nähe zur Kriminalitätsbekämpfung bot einen Denk- und Politikraum für den Internationalen Terrorismus.[612]
Die vorwiegend linguistische Herangehensweise erklärt also zweierlei: einerseits die fehlende Ausprägung einer neuen Begrifflichkeit für den Internationalen Terrorismus, andererseits die Einordnung unter die Innere Sicherheit. Dass sprachliche Phänomene bis zu einem gewissen Grad wirklichkeitsproduzierend und letztlich handlungsleitend sind, ist in der Fachwelt unter dem Stichwort der ‚linguistischen Wende' ausführlich erörtert worden.[613] Auch wenn diese linguistische Argumentation alleine kaum tragbar ist, so sollte sie

---

rechterhaltung des Systems zu tragen führten zu einer sukzessiven Auflösung Anfang der 1970er Jahre. Am 10.5.71 ging die Bundesbank nach einer Verdopplung der Nettokapitalabflüsse zum Vorjahr unilateral zum *free floating* des DM-Wechselkurses gegenüber dem US-Dollar über und trug damit entscheidend zum Untergang von Bretton Woods bei. Heftigste Kontroversen und Unsicherheiten angesichts sich abzeichnender Stagflation begleitete diese Neujustierung nicht nur der internationalen Finanzpolitik. Zu diesem umfassenden Thema vgl. v. a. Eichengreen, B.: Globalizing Capital. A History of the International Monetary System; Princeton 1996 und für die westdeutsche Sicht Emmiginger, O.: D-Mark, Dollar, Währungskrisen. Erinnerungen eines ehemaligen Bundesbankpräsidenten; Stuttgart 1986.

[610] BM Scheel äußerte in einem Interview mit der Schwäbischen Zeitung vom 26.10.72: „Das wichtigste Wort dieses Wahlkampfes heißt ‚Stabilität'" und rekurriert damit auf Preissteigerungen. Der gesamtgesellschaftlicher Bezug schwingt aber deutlich erkennbar mit. AdL A 35 / 166.

[611] Interview BM Genscher mit dem Rheinischen Merkur vom 10.8.72; BArch B 106 / 63505.

[612] Auch der Jahresbericht des BfV 1972 fasst den Anschlag von München unter dem Kapitel "Sicherheitsgefährdende Bestrebungen von Ausländern" als „politisch motivierte Gewaltkriminalität" zusammen. Dies trägt der üblichen Kategorisierung nach Deliktgruppen Rechnung, die zu diesem Zeitpunkt noch keinen § 129 a StGB kennen. Vgl. Jahresbericht des BfV 1972, „blaue Blätter", S. 2; BArch B 106 / 78920.

[613] Einen Überblick liefert Herbst, Komplexität, S. 146-148. Zur Bedeutung der linguistischen Wende für die Geschichtswissenschaft vgl. Baberowski, J.: Der Sinn der Geschichte. Geschichtstheorien von Hegel bis Foucault; München 2005; Kapitel 11.

doch im Rahmen einer multikausalen Erklärung nicht unberücksichtigt bleiben.

Der geringe politische Handlungswille und die damit verknüpfte Tragweite der Anschläge von München und Zagreb lassen sich nur mit mehreren Faktoren erklären. Bedingt durch parallel laufende politische Großprojekte spielte die begrenzte Zeit eine Rolle. Ein Konsens des Schweigens im Wahlkampf sowie die Vorstellung von Terminalität und Singularität des Internationalen Terrorismus in Deutschland trugen dazu bei, dass zeitliche Prioritäten nicht geändert wurden. Das sich nicht bis in die Führungsebenen tragende Expertenwissen führte zu Fehleinschätzungen der Dimension des Internationalen Terrorismus. U. a. bedingt durch linguistische Phänomene prägten sich keine trennscharfen Denk- und Politikräume aus, was dem bewussten Handlungshorizont eine unbewusste Ebene hinzufügt, die letztlich dazu beitrug, die Anschläge nicht zu thematisieren.

V Ergebnisse und Thesen

Die Untersuchung der politischen Reaktionen auf die Anschläge von München und Zagreb 1972 macht deutlich, dass es sich um Ereignisse von großer historischer Bedeutung, aber geringer politischer Tragweite handelt.

Die mikrohistorische Erörterung der Ereignisse von München und Zagreb hat deutlich gemacht, dass die Reaktionen der politischen Führung auf dieser Ebene improvisierter und reaktiver Natur waren. Zeitdruck und Informationsdefizite spielten hier eine zentrale Rolle, allerdings auch eine unübersichtliche Vielzahl von Entscheidungsträgern mit unzureichend definierten Kompetenzen.

Die darauf folgende Analyse der Kompetenzverteilungen auf horizontaler und vertikaler Administrationsebene hat ein rechtlich sehr diffuses Bild ergeben. Die daraus entstehenden politischen Freiräume wurden in der Folgezeit der Anschläge jedoch kaum genutzt, vielmehr führte ein grundsätzliches Misstrauen der Behörden untereinander zu sachlicher Unkenntnis und Folgefehlern. Die Rolle des Bundeskanzlers, Willy Brandt, muss in dieser Frage als marginal bezeichnet werden, da er weder in Ressortstreitigkeiten eingriff, noch durch öffentliche oder interne Initiativen der Thematik politischen Raum gab.

Die Untersuchung der innenpolitischen Maßnahmen nach den Anschlägen ergab das Bild einer Politik im Handlungszwang. Der Anschlag des ‚Schwarzen Septembers' stellte entgegen der Wahrnehmung weder in Deutschland noch international eine völlig neue Form der Kriminalität dar. Die Verbote zweier deutscher Palästinenservereine – GUPS und GUPA – sind, da weder eine direkte Verbindung zu den Tätern bestand, noch andere terroristische Kommunikationswege unterbunden wurden, einem starken öffentlichen Handlungszwang zuzurechnen. Ebenso wie bei den verschärften Einreise- und Abschiebungsmaßnahmen wurden außenpolitische Konsequenzen nicht berücksichtigt. Ressortübergreifende Abstimmungsgremien wurden erst sehr spät in Betracht gezogen und hatten für die Ausführung der Maßnahmen nach den Anschlägen faktisch keine Bedeutung. Einzig die schon vor den Anschlägen vorbereitete Gründung der GSG 9 stellte eine langfristig angelegte Maßnahme dar, die sich an internationalen Standards und Erkenntnissen zum Internationalen Terrorismus orientierte.

Im Hinblick auf die Außenpolitik zeichnen sich die Reaktionen der sozialliberalen Regierung durch Passivität aus. Schwerste diplomatische Krisen belasteten das Verhältnis sowohl zu Israel als auch zu den arabischen Staaten. Die spezielle Natur der Beziehungen Deutschlands zu Israel wurde nicht berücksichtigt, wohl aber ökonomische Interessen im Hinblick auf die arabische Welt. Insgesamt charakterisierte sich die Politik des AA unter Walter Scheel hier durch beharrliches Aussitzen oder, wie es der Außenminister selbst formulierte: „Das Leben geht weiter!"[614] Strukturelle Probleme bestanden insofern, als dass das AA nicht direkt auf Maßnahmen des BMI Einfluss nehmen konnte, wohl aber die außenpolitischen Konsequenzen zu tragen hatte. Auf multilateraler Ebene zeichnete sich die Außenpolitik durch eine rege Initialaktivität aus, jedoch gerieten die Ansätze, einerseits durch langwierige Abstimmungsschwierigkeiten mit anderen Staaten, aber auch nicht zuletzt aufgrund geringer langfristiger Initiative deutscher Spitzenpolitiker, bald in Vergessenheit. Im Vergleich zur internationalen und aktiven Terrorismus-Politik der USA verhielt sich die westdeutsche Außenpolitik passiv und reaktiv.

Die Untersuchung der ‚öffentlichen Meinung' zeigt, dass auch hier die Anschläge zwar eine intensive, aber nur kurze Beschäftigung mit dem Thema hervorgerufen hat. Eine politische ‚Debatte' fand nicht statt, statt dessen wurden die Auswirkungen der ‚Gastarbeiterproblematik' diskutiert, was zum Teil verzerrende und unsachliche Züge annahm. Demoskopische Erkenntnisse zeigen zwar eine grundlegende Zufriedenheit mit dem Regierungshandeln, andererseits aber auch eine tiefsitzende Verunsicherung in der Bevölkerung. Einzelne Bürgermeinungen artikulieren diese Emotionalität in Rufen nach Härte und langfristiger Politik. Als Massenphänomen und im Rahmen komplexerer historiographischer Konzepte betrachtet, trug diese, u. a. durch die Anschläge ausgelöste Verunsicherung zu einer Zeitenwende bei.

Vier Ansätze haben sich bei der Frage nach dem Handlungswillen abgezeichnet. Einerseits spielte die Zeitfrage eine Rolle, da große politische Projekte wie die anstehende Vertrauensfrage und Bundestagswahl, wichtige Auslandsreisen sowie der Grundlagenvertrag mit der DDR bereits einen Großteil der personellen Ressourcen in Anspruch nahmen. Gleichzeitig kam es zu einer Art ‚Konsens des Schweigens' in allen politischen Lagern, die auch in einer latenten Vorstellung der Singularität und Terminalität internationaler terroristischer Anschläge in Deutschland begründet lag. Andererseits trug sich auch das Expertenwissen zum Internationalen Terrorismus nicht bis in die Führungsebenen, was in schlichter Verkennung der Dimensionen zu einer geringeren Thematisierung der Anschläge führte. Die vierte Erklärung geht von einem linguistischen Ansatz aus und rückt die realitätsbildende Funktion von Sprache ebenso wie die grundlegende Bedeutung von Erfahrungen in den Vordergrund. Durch diese sprachlichen Phänomene ließ sich die fehlende Ausprägung einer eigenen Denk- und Politikkategorie ‚Internationaler Terrorismus', wie auch die Einordnung der Thematik unter die ‚Innere Sicherheit' erklären.

Führt man diese Erkenntnisse zu den politischen Reaktionen auf die Anschläge von München und Zagreb zusammen, lassen sich mehrere Thesen formulieren:

---

[614] Handschriftliche Notiz BM Scheel vom 6.9.72; PA B 1 / 509.

Der politische Umgang mit den Ereignissen lässt sich am deutlichsten als ‚Olympia-Schock'[615] beschreiben. Der hohe Grad an bewusster und unbewusster Nicht-Thematisierung, die fast an Verdrängung heranreicht, korrespondiert einerseits mit starkem, in erster Linie durch Handlungszwang inspiriertem Aktionismus, andererseits mit grundlegender Reaktivität und Passivität im politischen Handeln. Die starke Emotionalität, die die Ereignisse von München und Zagreb ausgelöst hatten, aber auch die kurze, intensive Berichterstattung, unterstreichen den Schock-Charakter.

Dieser ‚Olympia-Schock' führte zusammen mit anderen, unerwarteten Ereignissen zu einer grundlegenden Verunsicherung in der Bevölkerung. Damit trug er unterschwellig zu einer zeitlich verschobenen Richtungsänderung in der Politik bei, die sich vom Reformeifer der ersten Regierung Brandt zum Stabilitätscredo der ersten Regierung Schmidt wandelte. Dies fügt sich in die bisherigen Erkenntnisse eines Zeitenwandels im ersten Drittel der 1970er Jahre ein.

Abschließend können nur die hier einleitend verwendeten Worte von NOK-Präsident Willi Daume unterstrichen werden. Der oft vernachlässigte und doch fast jedem bildlich-präsente Anschlag von München wirft mit seiner Brutalität ein Schlaglicht auf das Handeln und Denken, auf die Probleme und Entwicklungen des Jahres 1972. Es bleibt zu prüfen, ob sich die Frage nach dem Umgang mit Krisensituationen als historiographisches Instrument nutzen lässt, um auch für andere historische Situationen Querschnittserkenntnisse über Politik und Gesellschaft zu gewinnen.

---

[615] Schock: „(psychol.) […] starke (seelische) Erschütterung durch ein plötzlich hereinbrechendes, bedrohliches Ereignis (z. B. Unfall, Naturkatastrophe)"; in: Pschyrembel Klinisches Wörterbuch; hg. v. Walter de Gruyter Verlag; Berlin ^{259}2002; S. 1504.

Anhang

Telex zwischen den Einsatzleitungen Zagreb und München[616]

zur info haben eben mit den entfuerhern gesprochen
wollen die 3 leute hier in zag zusteigen lassen
was dann weiter passiert wollten sie nicht sagen

unsere frage
wie stellen scih die jugoslawischen behoerden zu dieser transaktion

der kroatische iee sicherheitsminister ist am a/p und fuehrt derzeit ein tel gespraech mit beg/ krisenstab
aber nach seiner persoenlichen meinung steht einem umsteigen der leute hier in zag nichts im wegene++ […]

sind die leute in muc und ist ein flugzeug startbereit nach zag ?++

die drei sind hier un muc, ein flugzeug ist startbereit
wir legen grosen wert darauf, dass die paxe im austausch gegen die terroristen fffreigelassen werden

hatten wir socn bei den entfuehrern erfragt wollen aber noch keinerlei zugestaendnisse machen ohne in den besitz der leute gelangt zu sein

koennen sie bitte feststellen ob luis trenker an bord[617] […]

hier die schriftliche bestaetigung dass von der seite jugoslavische reirung erlaubt ist dass die sonder maschine in zag landet und dass eventuel der austasch hier stattfined darf+++

die maschine mjuesste hier gleich landen
was wichtiger ist
was macht duie sondermaschine???

die sondermaschine steht hier den kameraden an bord start bereit

warum fliegt sie nicht los??
weil das justitzministerium die offizielle schriftliche ein verstaendniserklaerung der yugo regierung haben wollte

ok frage was macht den der flieger?+
die kameraden sitzen an bord und wir warten nur auf den offiziellen namen des yugo ministers der die genehmigung zum austasch auf yugo territorium genehmigt hat. dies ist die forderung des bayer innen-und justizministers

---

[616] Vom 29.10.72. In BArch B 108 /52058; alle Fehler übernommen.
[617] Diese rätselhafte Zeile wurde nachträglich handschriftlich gestrichen.

verstanden die bundesregierung will folgende punkte unbedingt vor abflug der maschine erfuellt haben

.1die schriftliche bestaetigung der yugo regierung, dass der austausch der

wir erhalten soeben notruf von der maschine
die sonder maschine mius muss gleich aus muc raus
sonder sprengen die die entfuehrte maschine+++
ist verstanden bitte beleiben sie am apparat

wie sind in kontakt mit der bundesregierung

nochmals die maschine ist in notlage
capt sagte d[?] this was my last call

bitte tun sie etwas dringend dass die maschine endlich abfliegt+++

wir g fiebern hier auch die entscheidung liegt bei der bundesregirung

die maschine startet verlaesst den deutschen luftraum aber nicht bevor die entfuehrer zugesagt haben, dass die fluggaeste an bord er 615 freigelassen werden im austausch gegen die drei terroristen

[…] ok das mit den ausausch wir dnicht klapen
wir haben solche frage schon gestellt die kurz verneint wurde
die wollen mit allen geisel nach einen arabischen staat fliegen
dort aussteigen und dan erst die maschine und pax freilassen+++

die bundesregierung dokumentiert mit dem start ihren willen die gefangenen freizulassen und miechte als gegengeste von den entfuehrern die zusage der freilassung der geiseln. ohne dieser zusagen lehnt die bundesregierung die uebergabe ab. bitte verhandeln sie mit den entfuehrern dementsprechend ausserdem besteht evtl die moeglichkeit, das die entfuehrer demnaechst mit dem sonderflugzeug kontakt aufnehmen. […]
ich wiederhole nochmals die bedingungen der bundesregierung

budnesminister genscher hat ebe namens des kabintts in uebereinstimmung mit der bayer landesregierung erklaert, dass zum austausch nicht zur auslieferung zustimmung besteht sobald die zustimmung von yougo regierung nicht nur zu landung sondern ausch zum austasch passagiere gegen gefangene offiziell vorliegt. die sondermascine ha ist unter diesen bedingungen gestartet und wir den deutschen luftraum verlassen wenn diese bedingungene sind+++

erfahren das die entfuehrer nur noch mit muc flugsicherung sprechen wollen die lehnen jedes gespraech mit zag in moment ab. […]

Karikaturen der Zeitung القبـــس*

Abb. 1: „Operation München" (Capa) und „Brandt" (Stier); 8.10.1972.

Abb. 2: „Eine direkte Telefonverbindung zwischen Westdeutschland und Israel"; 11.10.1972.

---

* [Al-Qabas] = glühende Kohle

Abb. 3: „Verzeih mir... Ich habe deine Art übernommen!"; 12.10.1972.

Abb. 4: „Das Ergebnis der Olympischen Spiele von München"; 30.10.1972.

Abkürzungsverzeichnis

AA	Auswärtiges Amt	FN	Fußnote
AAPD	Akten zur Auswärtigen Politik der Bundesrepublik Deutschland	FS	Fernschreiben
		GG	Grundgesetz
AFP	Agence France-Presse – französische Nachrichtenagentur	IMK	Innenministerkonferenz
		IOK	Internationales Olympisches Komitee
AfS	Archiv für Sozialgeschichte		
AHR	American Historical Review	k. w. A.	keine weiteren Angaben
ARD	Arbeitsgemeinschaft der öffentlich-rechtlichen Rundfunkanstalten der Bundesrepublik Deutschland	LfV	Landesamt für Verfassungsschutz
		LH	Deutsche Lufthansa AG
		MD	Ministerialdirigent
AV	Auslandsvertretung	MdB	Mitglied des Bundestags
BA	Willy Brandt. Berliner Ausgabe – kommentierte Quellenedition	MDg	Ministerialdirigent
		MInn	Bayerisches Ministerium des Innern
BArch	Bundesarchiv Koblenz, einschl. Zwischenarchive	MIT	Massachusetts Institute of Technology
BBbB	Der Bayerischer Bevollmächtigte beim Bund	MP	Ministerpräsident
		NARA	U.S. National Archives and Records Administration
BfV	Bundesamt für Verfassungsschutz		
BHStA	Bayerisches Hauptstaatsarchiv, München	NOK	Nationales Olympisches Komitee
		OK	Organisationskomitee der Olympischen Spiele
BK	Bundeskanzler		
BKAmt	Bundeskanzleramt	OTL	Oberstleutnant – Heeres- und Luftwaffendienstgrad der Bundeswehr
BM	Bundesminister		
BMB	Bundesministerium für innerdeutsche Beziehungen		
		ÖS	Öffentliche Sicherheit, Abteilung im BMI
BMI	Bundesministerium des Innern		
BMVg	Bundesministerium der Verteidigung	PA	Politisches Archiv im Auswärtigen Amt
BMWF	Bundesministerium für Wirtschaft und Finanzen (Doppelministerium von Mai 1971 bis Dezember 1972)	PLO	Palistinean Liberation Organisation
		PStS	Parlamentarischer Staatssekretär
		RAF	Rote Armee Fraktion
BMWi	Bundesministerium für Wirtschaft	SPD	Sozialdemokratische Partei Deutschlands
BO	Botschafter		
BPA	Presse- und Informationsamt der Bundesregierung	StK	Staatskanzlei
		StS	Staatssekretär (beamtet)
BR	Bayerischer Rundfunk	VfZ	Vierteljahreshefte für Zeitgeschichte
BuReg	Bundesregierung		
BT	Deutscher Bundestag	VLR	Vortragender Legationsrat – Dienstgrad im AA
CDU	Christlich Demokratische Union Deutschlands		
		VN	Vereinte Nationen (= UNO)
DGAP	Deutsche Gesellschaft für Auswärtige Politik	WDR	Westdeutscher Rundfunk
		ZDF	Zweites Deutsches Fernsehen
dpa	Deutsche Presse-Agentur		
EDV	Elektronische Datenverarbeitung		
EPZ	Europäische Politische Zusammenarbeit		
FAZ	Frankfurter Allgemeine Zeitung		
FDP	Freie Demokratische Partei (1968-2001 F.D.P.)		

Quellen und Literatur

Ungedruckte Quellen:

BArch – Bundesarchiv Koblenz (einschl. Zwischenarchive St. Augustin-Hangelar und Dahlwitz-Hoppegarten)

B 106:	Bundesministerium des Innern
B 108:	Bundesministerium für Verkehr
B 122:	Bundespräsidialamt
B 131:	Bundeskriminalamt
B 136:	Bundeskanzleramt
B 141:	Bundesministerium der Justiz
B 185:	Organisationskomitee für die Spiele der XX. Olympiade München 1972 e. V.
B 206:	Bundesnachrichtendienst
B 362:	Generalbundesanwalt beim Bundesgerichtshof
N 1470:	Nachlass Robert Kempner

AdsD – Archiv der sozialen Demokratie, Friedrich-Ebert-Stiftung, Bonn
SPD-Fraktionsprotokolle der 6. und 7. Wahlperiode des Deutschen Bundestages

WBA – Willy-Brandt-Archiv, Friedrich-Ebert-Stiftung, Bonn
BK: Nachlass Bundeskanzler Willy Brandt
Pub: Publikationen Willy Brandt

AdL – Archiv des Liberalismus, Friedrich-Naumann-Stiftung, Gummersbach
Depositum Hans-Dietrich Genscher
Depositum Walter Scheel
Nachlass Wolfgang Mischnick (darin: FDP-Fraktionsprotokolle der 6. und 7. Wahlperiode des Deutschen Bundestages)

PA – Politisches Archiv im Auswärtigen Amt, Berlin (einschl. Zwischenarchiv)[618]

B 1:	Referat 010 (Ministerbüro)
B 2:	Referat 014 (Büro Staatssekretäre)
B 21:	Referat I A 1, später 200 (Europäische Fragen)
B 36:	Referat I B 4, später 310 (Naher Osten und Nordafrika)
B 46:	Referat 320 (Koordinierungsreferent)

---

[618] Referatsangaben jeweils vor und nach der Reorganisation vom 1. Oktober 1972, ansonsten handelt es sich um eine Neubenennung nach dem 1. Oktober 1972.

BHStA – Bayerisches Hauptstaatsarchiv, München
StK: Staatskanzlei des Freistaats Bayern
MInn: Bayerisches Ministerium des Innern
BBbB: Der Bayerische Bevollmächtigte beim Bund

Gedruckte Quellen:

AAPD 1971: Akten zur Auswärtigen Politik der Bundesrepublik Deutschland; hg. v. Institut für Zeitgeschichte; Jg. 1971 (3 Teilbände); bearb. v. Martin Koopmann u. a.; München 2002.

AAPD 1972: Akten zur Auswärtigen Politik der Bundesrepublik Deutschland; hg. v. Institut für Zeitgeschichte; Jg. 1972 (3 Teilbände); bearb. v. Mechthild Lindemann u. a.; München 2003.

AAPD 1973: Akten zur Auswärtigen Politik der Bundesrepublik Deutschland; hg. v. Institut für Zeitgeschichte; Jg. 1973 (3 Teilbände); bearb. v. Matthias Peter u. a.; München 2004.

Augstein, R.: Terror und kein Ende; in: Der Spiegel; Heft 38 / 1972; S. 20.

BA 6; Willy Brandt. Berliner Ausgabe; hg. v. H. Grebing u. a.; Bd. 6; bearb. v. F. Fischer; Bonn 2005

BA 7: Willy Brandt. Berliner Ausgabe; hg. v. H. Grebing u. a.; Bd. 7; bearb. v. W. v. Kieseritzky; Bonn 2001.

Bulletin des Presse- und Informationsamtes der Bundesregierung; Bonn 1971-1973.

Der deutsch-israelische Dialog. Dokumentation eines erregenden Kapitels deutscher Außenpolitik; hg. v. R. Vogel; Bd. 1; München 1987.

Der Überfall auf die israelische Olympiamannschaft. Dokumentation der Bundesregierung und des Freistaates Bayern; hg. v. BPA; Bonn 1972.

Die Anti-Terror-Debatten im Parlament. Protokolle 1974-1978; hg. v. F. Duve; Reinbek 1978.

Gaus, G.: Schlapper Staat?; in: Der Spiegel, Heft 46 / 1972, S. 25.

Jahrbuch der öffentlichen Meinung. 1968-1973 (Bd. 5); hg. v. E. Noelle und E. Neumann; Allensbach und Bonn 1974.

Meadows, D. u. a.: Die Grenzen des Wachstums. Bericht des Club of Rome zur Lage der Menschheit; Stuttgart 1972.

Meinhof, U. [wahrscheinlich]: Die Aktion des ‚Schwarzen September' in München. Zur Strategie des antiimperialistischen Kampfes; erschienen im November 1972; in: Rote-Armee-Fraktion. Texte und Materialien zur Geschichte der RAF; bearb. v. M. Hoffmann; Berlin 1997; S. 151-177.

Nannen, H.: Wir sind im Krieg; in: Der Stern; Heft 39 / 1972; S. 3.

Pensky, H.: Olympiastätten kein Tummelfeld für Extremisten. Sicherheitsbeauftragter vor schwieriger Aufgabe; hg. v. SPD-Pressedienst am 17.8.72.

Vocke, H.: Wenn Tausende illegal einreisen. Wie Bundeskanzler Brandt den Türken zu helfen versuchte; in: FAZ; 12.10.1972.

Willy Brandt. Die SPIEGEL-Gespräche 1959-1992; hg. v. E. Böhme u. a.; Stuttgart 1993.

Internetquellen und -darstellungen; Stand vom 27.1.2006:

Abkürzungsverzeichnis des Deutschen Bundestages:
http://www.bundestag.de/interakt/Abkverz.html

Ansprache Willy Brandts an die deutsche Bevölkerung am Abend des 5.9.1972; Tondokument:
http://www.olympia72.de/050972-brandt.mp3

ARD-Interview mit Polizei-Einsatzleiter Georg Wolf 1996; Tondokument (Zusammenschnitt):
http://www.olympia72.de/wolf.mp3

BR-Interview mit Ulrich Wegener am 14.11.2000:
http://www.br-online.de/alpha/forum/vor0011/20001114_i.shtml

Chronologie des Auswärtigen Amts zu den bilateralen Beziehungen zu Israel:
http://www.auswaertiges-amt.de/www/de/laenderinfos/
40jahre_bezisr/chronologie_html

Dannenbaum, T. u. a.: Tagungsbericht „Krise des Regierens in den 1970er Jahren? Deutsche und westeuropäische Perspektiven"; 13. bis 14.10.2005 am Seminar für Zeitgeschichte in Tübingen:
http://hsozkult.geschichte.hu-berlin.de/tagungsberichte/id=924

Kraemer, W.: Die Spiele der XX. Olympiade in München 1972. Eine Dokumentation. Die inoffizielle Homepage zu den heiteren und tragischen Spielen: http://www.olympia72.de

Lothar Loewe in einer ARD-Reportage aus dem Olympischen Dorf am 5.9.1972 um 17 Uhr. Tondokument:
http://www.olympia72.de/loewe.mp3

Pressekonferenz der politisch Verantwortlichen (Merk, Vogel, Schreiber) am 6.9.1972 um 2.30 Uhr:
http://www.olympia72.de/pressekonferenz.htm

Pressekonferenz Polizeipräsident Manfred Schreiber am 5.9.1972 gegen 11.15 Uhr. Tondokument:
http://www.olympia72.de/schreiber.mp3

Rundunkmeldung vom 6.9.72; 0:00 Uhr; Tondokument:
http://www.olympia72.de/060972-0uhr.mp3

Willi Daume am 11.9.1972, k. w. A.:
http://www.olympia72.de/110972a.htm

Darstellungen:

Abou Daoud [Pseudonym]: Palestine : de Jérusalem à Munich; Paris 1999.

Baberowski, J.: Der Sinn der Geschichte. Geschichtstheorien von Hegel bis Foucault; München 2005.

Baring, A.: Es lebe die Republik, es lebe Deutschland! Stationen demokratischer Erneuerung 1949-1999; Stuttgart 1999.

Baring, A.: Machtwechsel. Die Ära Brandt-Scheel; München 1984.

Beulke, W.: Bildung krimineller oder terroristischer Vereinigungen; in: Deutsches Rechts-Lexikon; hg. v. H. Tilch u. F. Arloth; München ^{3}2001; Bd. 2; S. 837 f.

Bierling, S.: Geschichte der amerikanischen Außenpolitik. Von 1917 bis zur Gegenwart; München 2003.

Bonß, W.: Die gesellschaftliche Konstruktion von Sicherheit; in: Sicherheit in der unsicheren Gesellschaft; hg. v. E. Lippert; Opladen 1997; S. 21-42.

Bracher, K.: Die unerbittlichen Lehren. Gewalt in der Weimarer Republik und in der Bundesrepublik; in: Extremismus. Terrorismus. Kriminalität; hg. v. Presse- und Informationsamt der Bundesregierung; Bonn 1978; S. 49-53.

Bracher, K.: Politik und Zeitgeist. Tendenzen der siebziger Jahre; in: Republik im Wandel. 1969-1974. Die Ära Brandt; hg. v. K. D. Bracher u. a.; Stuttgart 1986; S. 285-406.

Brandt, W.: Erinnerungen; Frankfurt am Main 1987.

Chomsky, N.: Language and Mind; New York 1968.

Conze, E.: Sicherheit als Kultur. Überlegungen zu einer „modernen Politikgeschichte" der Bundesrepublik Deutschland; in: VfZ 3 / 2005; S. 357-380.

Conze, E.: Unsere Sicherheit; in: FAZ vom 31.10.2005.

Conze, W.: Sicherheit, Schutz; in: Geschichtliche Grundbegriffe. Historisches Lexikon zur politisch-sozialen Sprache in Deutschland; hg. v. O. Brunner, W. Conze u. R. Koselleck; Bd. 5; Stuttgart 1984; S. 831-862.

Cooley, J.: Green March, Black September. The Story of the Palestinian Arabs; London 1973.

Dan, U.: Opération vengeance; Paris 1996.

Diekmann, A.: Empirische Sozialforschung. Grundlagen, Methoden, Anwendungen; Reinbek ^{7}2001.

Draesner, U.: Spiele; München 2005.

Ehmke, H.: Mittendrin. Von der Großen Koalition zur Deutschen Einheit; Berlin 1994.

Eichengreen, B.: Globalizing Capital. A History of the International Monetary System; Princeton 1996.

El-Salamoni, K.: Die Liga der Arabischen Staaten und die Vereinten Nationen. Das Verhältnis zwischen regionaler und universeller Organisation nach Kapitel VIII der Satzung der Vereinten Nationen; Diss. Heidelberg 2003.

Emmiginger, O.: D-Mark, Dollar, Währungskrisen. Erinnerungen eines ehemaligen Bundesbankpräsidenten; Stuttgart 1986.

Fetscher, I. u. Rohrmoser, G.: Ideologien und Strategien; in: Analysen zum Terrorismus; hg. v. BMI; Opladen 1981.

Fischer, F.: Von der ‚Regierung der inneren Reformen' zum ‚Krisenmanagement'. Das Verhältnis zwischen Innen- und Außenpolitik in der sozialliberalen Ära 1969-1982; in: AfS 44 / 2004; S. 395-414.

Fourastié, J.: Les Trente Glorieuses ou la révolution invisible de 1946 à 1975; Paris 2005.

Genscher, H.-D.: Erinnerungen; Berlin 1995.

Görtemaker, M: Geschichte der Bundesrepublik Deutschland. Von der Gründung bis zur Gegenwart; Frankfurt am Main 2004.

Grass, G.: Aus dem Tagebuch einer Schnecke; Darmstadt 1972.

Groussard, S.: La médaille de sang; Paris 1973.

Halm, H.: Die Araber; München 2004.

Hansen, N.: Aus dem Schatten der Katastrophe. Die deutsch-israelischen Beziehungen in der Ära Konrad Adenauer und David Ben Gurion. Ein dokumentierter Bericht; Düsseldorf 2002.

Hennis, W.: Meinungsforschung und repräsentative Demokratie; Tübingen 1957.

Hentschel, V.: Ludwig Erhard. Ein Politikerleben; München u. a. 1998.

Herbst, L.: Komplexität und Chaos. Grundzüge einer Theorie der Geschichte; München 2004.

Hesse, J. u. Ellwein, T.: Das Regierungssystem der Bundesrepublik Deutschland; Opladen [7]1992.

Hirschmann, K.: Terrorismus; Hamburg 2003.

Hoffmann, H.: Die Bundesministerien 1949-1999. Bezeichnungen, amtliche Abkürzungen, Zuständigkeiten, Aufbauorganisation, Leitungspersonen; Koblenz 2003.

Hohensee, J.: Der erste Ölpreisschock 1973/74. Die politischen und gesellschaftlichen Auswirkungen der arabischen Erdölpolitik auf die Bundesrepublik Deutschland und Westeuropa; Diss. Kiel 1994; Stuttgart 1996.

Hübner, E.: Parlament und Regierung in der Bundesrepublik Deutschland; München [2]2000.

Hünemörder, K.: Die Frühgeschichte der globalen Umweltkrise und die Formierung der deutschen Umweltpolitik (1950 - 1973); Diss. Kiel 2002; Stuttgart 2004.

Jäger, W.: Die Innenpolitik der sozial-liberalen Koalition 1969-1974; in: Republik im Wandel. 1969-1974. Die Ära Brandt; hg. v. K. D. Bracher u. a.; Stuttgart 1986; S. 15-160.

Kliem, T.: Reisemotive, Reiseverhalten und Wahrnehmungen deutscher Touristen in Norwegen als Grundlage der Entwicklung neuer Konzepte für die norwegische Tourismuswirtschaft; Diss. Duisburg 2003.

Klughardt, W.: Die Gesetzgebung zur Bekämpfung des Terrorismus aus strafrechtlich-soziologischer Sicht; München 1984.

Korn, D.: Assassination in Khartoum; Bloomington 1993.

Kropp, S.: Die Länder in der bundesstaatlichen Ordnung; in: Handbuch Politisches System der Bundesrepublik Deutschland; hg. v. O. Gabriel u. E. Holtmann; München u. a. 1997; S. 245-288.

Laqueur, W.: Terrorism; London 1977.

Laqueur, W.: Terrorismus. Die globale Herausforderung; Frankfurt am Main u. Berlin 1987.

Link, W.: Außen- und Deutschlandpolitik in der Ära Brandt 1969-1974; in: Republik im Wandel. Die Ära Brandt; hg. v. K. D. Bracher u. a.; Stuttgart 1986; S. 163-284.

Luhmann, N.: Gesellschaftliche Komplexität und öffentliche Meinung; in: Ders.: Soziologische Aufklärung; Bd. 5; Opladen 1990; S. 170-182.

Lynch, K.: Das Bild der Stadt; Gütersloh 1968.

Maier, C.: Consigning the Twentieth Century to History. Alternative Narratives for the Modern Era; in: AHR 105 (Juni 2000); S. 807-831.

Marcovitz, H.: The Munich Olympics; Philadelphia 2002.

McGilvray, J.: Chomsky. Language, Mind, and Politics; Cambridge 1999.

Merseburger, P.: Willy Brandt 1913-1992. Visionär und Realist; Stuttgart 2002.

Metzler, G.: Konzeptionen politischen Handelns von Adenauer bis Brandt. Politische Planung in der pluralistischen Gesellschaft; Paderborn u. a. 2005.

Mury, G.: Schwarzer September. Analysen, Aktionen und Dokumente; Berlin 1974.

Noack, P.: Ludwig Erhard; in: Die deutschen Kanzler. Von Bismarck bis Schmidt; hg. v. W. v. Sternburg; Königstein 1985; S. 393-406.

Peters, B.: RAF. Terrorismus in Deutschland; Stuttgart 1991.

Peukert, D.: Die Weimarer Republik. Krisenjahre der Klassischen Moderne; Frankfurt am Main 1987.

Peukert, D.: Max Webers Diagnose der Moderne; Göttingen 1989.

Pfetsch, F.: Die Außenpolitik der Bundesrepublik 1949-1992; München ²1993.

Plöhn, J. u. Steffani, W.: Bund und Länder in der Bundesrepublik Deutschland; in: Handbuch der deutschen Bundesländer; hg. v. J. Hartmann; Frankfurt am Main u. a. ²1994; S. 33-48.

Prittie, T.: Willy Brandt. Biographie; Frankfurt am Main 1973.

Pschyrembel Klinisches Wörterbuch; hg. v. Walter de Gruyter Verlag; Berlin ²⁵⁹2002.

Reeve, S.: One Day in September. The Story of the 1972 Munich Olympics Massacre; London 2000.

Rousseau, J.-J.: Gesellschaftsvertrag; Stuttgart 1998.

Sattar, M.: Der erpreßbare Staat; in: FAZ; 25.1.2006.

Schmidt, H.: Weggefährten. Erinnerungen und Reflexionen; Berlin 1996.

Schöllgen, G.: Die Außenpolitik der Bundesrepublik Deutschland. Von den Anfängen bis zur Gegenwart; München ³2004; S. 103.

Schöttler, P.: Mentalitäten, Ideologien, Diskurse. Zur sozialgeschichtlichen Thematisierung der ‚dritten Ebene'; in: Alltagsgeschichte. Zur Rekonstruktion historischer Erfahrungen und Lebensweisen; hg. v. A. Lüdtke; Frankfurt a. M. (u. a.) 1989; S. 85-136.

Stern, C.: Willy Brandt; Reinbek ⁶1998.

Sturm, D.: Wandelnder Vermittlungsausschuß. Kiesinger machte von seiner Richtlinienkompetenz selten Gebrauch; in: Die Welt; 12.10.2005.

Townshend, C.: Terrorism; Oxford 2002.

Weinhauer, K.: Terrorismus in der Bundesrepublik der Siebzigerjahre. Aspekte einer Sozial- und Kulturgeschichte der Inneren Sicherheit; in: AfS 44 / 2004; S. 219-242.

Winkler, H. A.: Der lange Weg nach Westen; 2 Bände; München ³2001.